FORSCHUNGSBERICHTE DES LANDES NORDRHEIN-WESTFALEN

Nr. 2375

Herausgegeben im Auftrage des Ministerpräsidenten Heinz Kühn
vom Minister für Wissenschaft und Forschung Johannes Rau

Dr.-Ing. Karl-Heinz Schiffers

Fachgebiet Baubetriebswissenschaft an der
Rhein.-Westf. Techn. Hochschule Aachen
Leiter: Prof. Dr.-Ing. Karl Kutsch

Untersuchungen zum Preiswettbewerb auf dem Baumarkt

Westdeutscher Verlag Opladen 1973

ISBN 978-3-531-02375-5 ISBN 978-3-322-88573-9 (eBook)
DOI 10.1007/978-3-322-88573-9

Gesamtherstellung: Westdeutscher Verlag

Inhalt

Vorwort

Ziel dieser Arbeit ist es, für bestimmte Baubranchen und ihre Märkte allgemein gültige Aussagen zu finden und mit deren Hilfe Grundlagen für einen Preiswettbewerb auf diesen Märkten zu erarbeiten. Als Untersuchungsobjekt wurde der Baumarkt des Landesteils Nordrhein gewählt. Die Beschränkung auf dieses Gebiet mußte wegen der Vielzahl der Daten und Auswertungen getroffen werden.

Das für die Arbeit notwendige Datenmaterial (1) wurde zum größten Teil der Submissionsstatistik der ibau-Nachrichten (Münster/ Westf.) entnommen und auf der CD 6.400 der Rechenanlage der TH Aachen ausgewertet. Eigene Untersuchungen im Rahmen dieser Arbeit ergaben, daß die ibau-Nachrichten allen Informationsquellen, auch der Anfragestatistik der Wirtschaftsvereinigung der Bauindustrie, in ihrer Vollständigkeit überlegen sind. Nach Angaben ihres Herausgebers und nach einer Befragung von Bauunternehmen erfassen die ibau-Nachrichten im Landesteil Nordrhein mehr als 85 % aller öffentlichen Ausschreibungen, die eine Auftragsgröße von 50.000 DM übertreffen. Da also die ibau-Nachrichten angenähert eine Untersuchung der Gesamtheit der öffentlichen Vergaben ermöglichen, konnte der Baumarkt des Landesteils Nordrhein, der öffentliche Ausschreibungen mit einer Auftragsgröße über 50.000 DM beinhaltet, als Ganzes beobachtet werden. Der gewählte Zeitraum, die Jahre 1966 bis 1969, umfaßt sowohl einen Konjunkturrückgang als auch einen Konjunkturaufschwung. Da erfahrungsgemäß in Zeiten des Konjunkturrückganges (1966 und Anfang 1967) ein stärkerer Wettbewerb als sonst auf dem Baumarkt herrscht, wurde dieser Zeitraum intensiver untersucht, um die Voraussetzungen eines Wettbewerbs besser erfassen zu können.

Neben diesen datenmäßigen Auswertungen wurden in dieser Arbeit die individuellen Verhaltensweisen der einzelnen Marktteilnehmer und deren Ursachen als wesentliche Einflußgröße für den Marktablauf mitberücksichtigt, da man in der dynamischen Wettbewerbstheorie heute nicht mehr ohne eine Berücksichtigung von Motivationen auskommt. Aus diesem Grunde müssen auch die betriebswirtschaftlichen Aspekte der einzelnen Marktteilnehmer bei der Untersuchung der Marktgegebenheiten beachtet werden. Es wird deshalb der Besonderheit der Bauproduktion ebenso Rechnung getragen wie den Problemen der Auftraggeber.

Schon jetzt sei das Ergebnis der Untersuchung vorweggenommen: Zur Verwirklichung eines Preiswettbewerbs auf dem Baumarkt müssen keine zusätzlichen Vorschriften eingeführt werden, sondern die vorhandenen Vorschriften müssen besser beachtet werden. Zur Verwirklichung des Preiswettbewerbs bedarf es eines Erziehungsprozesses, der beide Marktseiten darüber aufklärt, welche Vorteile die einzelnen Marktteilnehmer und die gesamte Volkswirtschaft aus einem funktionsgerechten Wettbewerb ziehen. Dieser Erziehungsprozeß benötigt seine Zeit, jedoch wird er irgendwann stattfinden müssen, da die Öffentlichkeit heute in dem Mangel an Wettbewerb eine der Hauptursachen für das Steigen der Baupreise sieht. Kennzeichnend dafür sind Stellungnahmen der Presse im Frühjahr 1972, nachdem das Kartellamt in seiner Presseinformation 20/72 vom 20.3.72 auf gewisse Wettbewerbsbeschränkungen auf dem Baumarkt hingewiesen hatte.

Bauherren und Unternehmerschaft sollten erkennen, daß nur der Wettbewerb dem Mißbrauch und der Perpetuierung von wirtschaftlicher Macht entgegenwirken und verhindern kann, daß aus dem funktionsgebundenen Privateigentum an den Produktionsmitteln feudale Einflußsphären entstehen. Die Verwirklichung einer konsequenten Wettbewerbspolitik im Bauwesen hat, wenn überhaupt, gerade erst begonnen.

1. Charakteristika des Baumarktes

1.1 Grundlagen des Wettbewerbs auf dem Baumarkt

Grundlage des Wettbewerbs auf dem Baumarkt ist das allgemeine Wettbewerbsrecht der Bundesrepublik, insbesondere das Gesetz gegen Wettbewerbsbeschränkungen (GWB) vom 27.7.1957 (BGBl.I S. 1081). Nur bei grenzüberschreitendem Wettbewerb innerhalb der Europäischen Gemeinschaft (im Bauwesen bei öffentlichen Aufträgen von einer Auftragsgröße von mehr als 1 Mio Rechnungseinheiten) ist dem nationalen Wettbewerbsrecht das Wettbewerbsrecht der EG übergeordnet.

Auf der Anbieterseite des Baumarktes in der Bundesrepublik stehen insgesamt etwa 60.000 Unternehmen (siehe Abb. 1a), die jedoch meist nur auf sachlich und räumlich eng begrenzten Teilmärkten auftreten (siehe Kap. 2).

Die Nachfrager nach Bauleistungen können in die beiden Gruppen öffentliche und nicht öffentliche Nachfrager eingeteilt werden. In bestimmten Baubranchen (z.B. Tiefbau) hat die öffentliche Hand eine überragende Bedeutung. Da für die öffentlichen Bauherren die Anwendung der Verdingungsordnung für Bauleistungen (VOB) verpflichtend (2) ist, nimmt sie auf den betreffenden Teilmärkten eine wettbewerbsordnende Stellung ein.

Die VOB ist eine Norm (DIN 1960, 1961, 18300 ff.), die sich aus den Erfahrungssätzen der täglichen Praxis ergeben hat. Sie ist weder Gesetz noch Rechtsverordnung. Sie entstand nach dem ersten Weltkrieg durch Zusammenarbeit von Reich, Ländern, Kommunen, Wirtschaft und Gewerkschaften, um klare und einheitliche Grundsätze für die Vergabe von öffentlichen Bauleistungen zu schaffen, um Korruptionsfälle zu vermeiden und um gleiche Bedingungen für alle Bewerber bei öffentlichen Aufträgen zu gewährleisten.

Die VOB gliedert sich in drei Teile. Teil A, "Allgemeine Bestimmungen über die Vergabe von Bauleistungen", regelt den "Geschehensablauf bis zum endgültigen Abschluß eines Bauvertrages" (3); er wird nie Vertragsbestandteil.

Teil B behandelt die Beziehungen von Auftraggeber und Auftragnehmer nach Vertragsabschluß; Teil C ist eine Sammlung allgemeiner technischer Vorschriften für Bauleistungen.

VOB/A führt in § 3 die verschiedenen Arten der Vergabe auf:

a) die öffentliche Ausschreibung,
b) die beschränkte Ausschreibung,
c) die freihändige Vergabe.

Bei der öffentlichen Ausschreibung wird eine unbeschränkte Zahl von Unternehmen zur Einreichung von Angeboten aufgefordert, wohingegen bei der beschränkten Ausschreibung nur wenige, vom Auftraggeber ausgesuchte Unternehmen ein Angebot abgeben dürfen. Die freihändige Vergabe erfolgt nach freiem Ermessen (4) des Auftraggebers.

Nach allgemeiner Auffassung (5) stehen die Vergabearten nicht gleichberechtigt nebeneinander. Da nach VOB/A § 2 der Wettbewerb die Regel sein soll, gebührt der öffentlichen Ausschreibung der Vorrang vor der beschränkten Ausschreibung. Letztere ist wiederum der freihändigen Vergabe vorzuziehen.

Nur dann, wenn eine öffentliche bzw. beschränkte Ausschreibung unzweckmäßig ist (z.B. bei besonderer Dringlichkeit, kleinen Leistungsmengen, Unmöglichkeit einer erschöpfenden Leistungsbeschreibung) soll eine freihändige Vergabe stattfinden.

Im Normalfall ist die Zahl der Unternehmen, die eine festgelegte Leistung an einem bestimmten Ort gemäß den Regeln der Technik erbringen können, recht groß. Wird der Konkurrenzaufruf jedoch nur örtlich begrenzt publiziert bzw. wird beschränkt ausgeschrieben, so begrenzt der Auftraggeber hierdurch die Zahl der potentiellen Bieter. Der Bauherr bringt sich dann um die Chance eines stärkeren Wettbewerbs und legt die Grundlage für oligopolistisches oder sogar monopolistisches Verhalten der Bauunternehmen.

Da bei öffentlicher Ausschreibung, sofern ein überregionaler Konkurrenzaufruf erfolgt, jedes interessierte Unternehmen anbieten kann, liegt auf der Anbieterseite ein offener Markt vor. Die Offenheit des Marktes wird jedoch durch die Entfernung des einzelnen Bieters zum Bauort gemindert. Mit zunehmender Objektentfernung (Distanz zwischen Bauort und Niederlassungsort) steigen nämlich die Kosten der Bauerstellung (bedingt durch Transporte, mangelnde Kenntnis der örtlichen Gegebenheiten etc.) und mindern somit die Wettbewerbsfähigkeit des betreffenden Unternehmens (vgl. Abb. 2)(6).

Die beiden anderen Vergabeverfahren der VOB, also die beschränkte Ausschreibung und die freihändige Vergabe, sind als geschlossene Märkte zu bezeichnen. Ihre Bedeutung im Rahmen der Gesamtvergabetätigkeit eines überregionalen öffentlichen Auftraggebers gibt Abb. 3 an. Es zeigt sich hierbei, daß die öffentlichen Ausschreibungen eine dominierende Rolle einnehmen. Die relativ große Zahl nicht öffentlicher Ausschreibungen erklärt sich aus ihrer geringen Auftragsgröße und daraus, daß es sich zumeist um Randarbeiten (z.B. Leitplankenbau, gärtnerische Arbeiten) handelt.

Offene Märkte in der Gestalt von öffentlichen Ausschreibungen bieten eine größere Wahrscheinlichkeit für die Realisierung eines Preiswettbewerbs als geschlossene Märkte, da mit zunehmendem Aktionsradius der Unternehmen die Zahl der potentiellen Bieter ansteigt (vgl. Abb. 21).

Die Möglichkeit, daß der Bieterkreis fast unbegrenzt ist und eine große Zahl von Bietern auftreten kann, ist ein Hemmnis gegenüber irgendwelchen wettbewerbsbeschränkenden Maßnahmen (7) auf der Anbieterseite. Sofern nämlich eine verbindliche und erschöpfende Leistungsbeschreibung vorliegt, wird sich meist eine größere Zahl von Unternehmen zur Abgabe eines Angebotes entschließen können. Deshalb ist eine möglichst weitreichende Publizität der Ausschreibung besonders wichtig, um wettbewerbsbeschränkende Maßnahmen auf der Anbieterseite zu verhindern, damit die Wahrscheinlichkeit des Auftretens von Außenseitern gefördert und ein Unterlaufen von Anbieterkartellen erleichtert wird.

1.2 Die öffentliche Ausschreibung

Die öffentliche Ausschreibung kann als eine Veranstaltung organisierter Konkurrenz (8) bezeichnet werden. Sie dient der Vervollkommnung des in VOB/A § 2 geforderten Wettbewerbs. Ähnlich wie bei einer Auktion stehen auf der einen Marktseite ein einziger, auf der anderen Marktseite mehrere Wettbewerbsteilnehmer. Im Falle der öffentlichen Ausschreibung handelt es sich um einen Käufer und mehrere Anbieter. Der Käufer schildert den Anbietern die von ihnen erwartete Leistung. Die Anbieter geben geheim und fest verbindlich die von ihnen für die Leistungserstellung geforderten Preise an. Das günstigste Angebot erhält den Zuschlag.

Die genauen Spielregeln einer öffentlichen Ausschreibung im Bauwesen werden von VOB/A festgelegt. Die öffentliche Ausschreibung beginnt mit dem Konkurrenzaufruf. Dieser ist nach VOB/A § 18 so früh durchzuführen, daß die interessierten Bauunternehmen genügend Zeit für die Bearbeitung und Einreichung eines Angebotes haben.

Der Konkurrenzaufruf ist durch Tageszeitungen, amtliche Veröffentlichungsblätter oder Fachzeitschriften bekanntzugeben und soll wesentliche Angaben über die zu erstellende Bauleistung und deren Umstände enthalten. Jedem Interessenten, der sich gewerbsmäßig mit der Ausführung von Leistungen der ausgeschriebenen Art befaßt, sind die Verdingungsunterlagen auszuhändigen (VOB/A § 8). Hauptbestandteile der Verdingungsunterlagen sind die Leistungsbeschreibung und die Vertragsbedingungen.

In der Leistungsbeschreibung ist die zu erstellende Bauleistung "eindeutig und so erschöpfend zu beschreiben, daß alle Bewerber die Beschreibung in gleichem Sinne verstehen müssen und ihre Preise sicher und ohne umfangreiche Vorarbeiten berechnen können" (VOB/A § 9 Ziffer 1). Dadurch, daß allen Bietern mit gleichen Worten und präzisen Darstellungen die geforderte Leistung beschrieben wird, wird die zu erstellende Leistung homogenisiert. Nach der Leistungserstellung ist die Leistungsbeschreibung die Grundlage für eine Qualitätsprüfung.

Die Leistungsbeschreibung ist für beide Marktseiten verpflichtend. Sofern der Auftraggeber Änderungen in der Leistungserstellung verlangt, ist der Auftragnehmer nicht mehr an seinen Preis gebunden. Nach VOB/B § 2 Ziffer 5 und 6 sind in einem solchen Fall neue Preise zu vereinbaren.

Genau gesprochen stellt die Leistungsbeschreibung eine Mindestanforderung dar. Sofern ein Bieter Einschränkungen gegen diese Mindesanforderungen macht, sollte er aus dem Wettbewerb ausgeschlossen werden (siehe VOB/A § 21 Ziffer 1). Den Bietern ist es jedoch erlaubt, außerhalb des durch die Leistungsbeschreibung festgelegten Wettbewerbs noch Nebenangebote (in sachlicher Hinsicht) abzugeben.

Da die Leistungsbeschreibung nur Mindesanforderungen angibt, steht es dem späteren Auftragnehmer frei, eine qualitativ bessere als die geforderte Leistung zu erstellen. Für den Wettbewerb und die Bezahlung der Leistung darf dies keine Rolle spielen, da die Qualitätssteigerung durch die Leistungsbeschreibung nicht gefordert wird. Gandenberger (9) spricht deshalb von einer "Fiktion der Homogenität" aller die Leistungsbeschreibung wenigstens erfüllenden Leistungen und fordert, daß der Zuschlag an das niedrigste der qualitativ ausreichenden Angebote zu erteilen ist. Hierdurch wird ein reiner Preiswettbewerb ermöglicht. Ein Abwägen von Qualität und Preis erübrigt sich, da die Mindestanforderungen für die einwandfreie Nutzung des zu erstellenden Bauobjektes vertraglich festgelegt sind.

Da der Gandenberg'sche Begriff "Fiktion der Homogenität" den Gesichtspunkt der funktionalen Einwandfreiheit der betreffenden Bauleistung einschließt, jedoch nicht klar heraushebt, und da das Wort "Fiktion" etwas Unwirkliches beinhaltet, soll hier von "Funktioneller Homogenität" gesprochen werden. Funktionelle Homogenität liegt dann vor:

wenn einerseits alle Bieter gleiche Informationen über das zu erstellende Bauobjekt haben und diese Informationen (im Normalfall das Leistungsverzeichnis) dergestalt sind, daß alle Bieter gleiche Annahmen treffen und die Mindestanforderungen für das Bauobjekt erkennen, und

wenn andererseits von den Bietern solche Leistungen angeboten und bei Auftragserhalt erstellt werden, die mindestens den Anforderungen des Leistungsverzeichnisses gerecht werden und somit die ihnen zugewiesene Funktion einwandfrei erfüllen.

"Um eine einwandfreie Preisermittlung zu ermöglichen und die vergleichende Prüfung der Angebote zu erleichtern, ist die Leistung derartig aufzugliedern, daß unter einer Ordnungszahl (Position) nur solche Leistungen aufgenommen werden, die nach ihrer technischen Beschaffenheit und für die Preisbildung als in sich gleichartig anzusehen sind" (VOB/A § 9 Ziffer 2). Die Bieter müssen für jede Position angeben, welchen Preis (Einheitspreis) sie für eine Einheit der beschriebenen Leistung verlangen. Sie führen hierzu eine Kostenermittlung durch, die jedoch nur eine Vorausschätzung (Vorkalkulation) ist. Nach der Festlegung der Einheitspreise werden diese mit der jeweiligen vorgegebenen Leistungsmenge pro Position multipliziert und ergeben den Gesamtpreis der Position. Durch Aufsummation aller Gesamtpreise erhält man den Angebotspreis des jeweiligen Bieters für das ausgeschriebene Bauobjekt.

Die Angebote, die nur die Preise und die in der Ausschreibung geforderten Erklärungen enthalten sollen (vgl. VOB/A § 21 Ziffer 1), sind dem Auftraggeber verschlossen zuzuleiten. Dieser hat sie bis zum Ablauf der Angebotsfrist (Zeitraum vom Konkurrenzaufruf bis zur Eröffnung der Angebote) ungeöffnet zu verwahren und geheimzuhalten. Am Eröffnungstermin, zu dem nur Bieter und deren Bevollmächtigte zugelassen sind, werden die Angebote erstmalig geöffnet und verlesen (vgl. VOB/A § 22 Ziffer 7).

Innerhalb der Zuschlagsfrist (Zeitraum zwischen Eröffnungstermin und Zuschlagserteilung) werden die Angebote rechnerisch, technisch und wirtschaftlich geprüft. Hierbei sind nur solche Gespräche mit den einzelnen Bietern zulässig, die zur Klärung dieser Fragen dienen. Unzulässig sind jedoch Verhandlungen über Änderung der Angebote und deren Preise (VOB/A § 24). Beide Marktseiten sind an die Angebote gebunden. Der Auftraggeber kann ein Angebot akzeptieren oder ablehnen, er darf jedoch nicht den Bieter zu Änderungen des Angebots veranlassen. Gleichfalls darf der Anbieter von sich aus nicht das Angebot ändern, auch nicht zugunsten des Auftraggebers. Diese Regelung dient der Erhaltung gleicher Wettbewerbschancen für alle Bieter. Andernfalls wären Präferenzen für bestimmte Bieter möglich, und die funktionelle Homogenität der angebotenen Leistungen wäre nicht gewahrt. Außerdem würden bei Zulässigkeit von Nachverhandlungen die meisten Bieter den Eröffnungstermin als eine Markterkundung benutzen, um dann erst bei den Nachverhandlungen die Preise zu nennen, die ihnen im Augenblick opportun erscheinen. Der Sinn des geheimen Bietens wäre nicht mehr einzusehen.

"Bei der Auswahl der Angebote, die für den Zuschlag in Betracht kommen, sind nur Bieter zu berücksichtigen, die für die Erfüllung der vertraglichen Verpflichtungen die notwendige Sicherheit bieten. Dazu gehört, daß sie die erforderliche Erfahrung, Sachkenntnis und Leistungsfähigkeit besitzen und über ausreichende technische und wirtschaftliche Mittel verfügen" (VOB/A § 25 Ziffer 2).

Diese Prüfung ist von Bedeutung, weil der Auftraggeber bei der Zuschlagserteilung das später zu erstellende Produkt in seiner tatsächlichen Qualität noch nicht kennt.

Immerhin ist es möglich, daß der Auftragnehmer bei seiner Bauerstellung die Mindestanforderungen des Leistungsverzeichnisses nicht erfüllt. Die daraus resultierenden Schwierigkeiten (Nachbesserungen, Terminüberschreitungen, Auftragskündigung, sonstige rechtliche Auseinandersetzungen etc.) können durch eine aufmerksame Bauüberwachung der Bauleitung des Auftraggebers eingeschränkt werden, wenn diese schon frühzeitig die entstehenden Mängel bemerkt, darauf hinweist und gegebenenfalls die Fortführung der mängelbehafteten Leistungserstellung verhindert.

Außerdem läßt sich nie ganz vermeiden, daß sich noch nach Auftragserteilung Abweichungen vom Leistungsverzeichnis ergeben. Solche Abweichungen sollten jedoch nicht derartig sein, daß sie schon bei der Erstellung des Leistungsverzeichnisses vorausgesehen werden konnten bzw. bei sorgfältiger Erarbeitung der Unterlagen für das Leistungsverzeichnis hätten vorausgesehen werden können.

Ein ordnungsgemäß erarbeitetes Leistungsverzeichnis enthält alle die Gegebenheiten des zu erstellenden Bauobjektes, die für den Produktionsprozeß und seine Vergütung relevant und zum Zeitpunkt seiner Anfertigung bekannt sind. Ein ordnungsgemäßes Leistungsverzeichnis liegt also dann vor, wenn Auftraggeber und Bieter das Leistungsverzeichnis für die objektive Erfassung aller produktionsrelevanten Anforderungen des zu erstellenden Bauobjektes halten und keine der beiden Marktseiten zusätzlich noch Informationen über später auftretende Änderungen besitzt.

Die erwähnten, trotz sorgfältiger Erstellung des Leistungsverzeichnisses auftretenden Änderungen des Leistungsumfanges, stehen dem Begriff "ordnungsgemäßes Leistungsverzeichnis" nicht entgegen. Sie dürfen jedoch nicht aus einer oberflächlichen Leistungserfassung des Auftraggebers resultieren und erfordern von beiden Vertragspartnern den Willen zur sachlichen Zusammenarbeit.

Bei der Prüfung der Angebote muß deshalb der Auftraggeber beurteilen, welches Vertrauen er dem einzelnen Bieter bezüglich seiner "Ordnungsgemäßen Leistungserstellung" entgegenbringt. Nur so ist es ihm möglich, einen ersten Anhalt über die von den Unternehmen angebotenen Leistungen und deren fristgerechte Bereitstellung zu haben. Sofern ein Bieter Referenzen über ähnliche oder gleiche Baumaßnahmen vorlegen kann, sollte seine technische Leistungsfähigkeit nicht mehr bezweifelt werden. Weitere Informationen, besonders über die wirtschaftliche Leistungsfähigkeit der einzelnen Bieter, liefern Nachfragen bei Auskunfteien, Banken, Verbänden und früheren Auftraggebern, sowie Besichtigungen früherer Baustellen und der Betriebe des jeweiligen Unternehmens.

Nach Auswahl der fachkundigen, leistungsfähigen und zuverlässigen Bieter ist der Zuschlag zu angemessenen Preisen zu vergeben (VOB/A § 2). "In die engere Wahl kommen nur solche Angebote, deren Preise unter Berücksichtigung rationellen Baubetriebs und sparsamer Wirtschaftsführung bei einwandfreier Ausführung für den Bieter auskömmlich erscheinen. Unter diesen Angeboten soll der Zuschlag dem Angebot erteilt werden, das unter Berücksichtigung aller technischen und wirtschaftlichen Gesichtspunkte als das annehmbarste erscheint" (VOB/A § 25 Ziffer 2). Diese Vorschriften (VOB § 2 und § 25) sind ständig Anlaß zu widersprüchlichen Interpretationen gewesen. Die Literatur über die Auslegung von VOB/A § 2 und § 25 ist sehr reichhaltig (10).

Gandenberger hält die gesamte Streitfrage für überholt, wenn nicht die Forderung nach Auskömmlichkeit des Preises in der VOB enthalten wäre. In einer marktwirtschaftlichen Ordnung haben "nicht nur Gewinn, sondern auch Verluste ihre gesamtwirtschaftlich wichtige Aufgabe: Je schlechter die Ertragslage einer Branche wird, um so stärker werden die Investitionen abgebremst, um so schneller werden weniger leistungsfähige Unternehmen vom Markt verdrängt" (11).

Diese Auffassung wird auch vom Kartellsenat des Bundesgerichtshofes in seiner Entscheidung vom 15.7.1966 durch die Feststellung vertreten, daß die oben aufgeführten Bestimmungen der VOB/A im Widerspruch zu dem Grundsatz freier Preisbildung stehen.

Vorläufig (12) soll deshalb davon ausgegangen werden, daß im Normalfall der Auftrag an den Niedrigstbietenden der bei der Anbieterprüfung als qualifiziert erwiesenen Bieter erteilt wird. Die Wirklichkeitsnähe dieser Annahme wird auch durch empirische Untersuchungen bestätigt. Nach einer Auswertung von Hanrath (13) erhielt bei 983 Vergaben in Nordrhein-Westfalen 909 mal, d.h. in 92,8 % aller Fälle, der Niedrigstbietende den Zuschlag. Neuere Auswertungen im Rahmen der Untersuchungen zu dieser Arbeit ergaben, daß bei 579 Submissionen des Landschaftsverbandes Rheinland zwischen Juli 1966 und Dezember 1968 in 81 Fällen

(= 14 %) der Auftrag nicht an den Niedrigstbietenden vergeben wurde.

Andererseits zeigen diese Zahlen, daß ein Niedrigstbietender, auch bei an sich nicht zu bezweifelnder Qualifikation (meist wegen nicht-wettbewerbskonformer Manipulationen) nie ganz sicher sein kann, daß er auch den Auftrag erhält (14).

1.3 Das Vergabeverhalten der Auftraggeber

1.3.1 Private Auftraggeber

Da die VOB weder Gesetz noch Rechtsordnung ist und sie im Rahmen des Bauwesens noch nicht als Gewohnheitsrecht angesehen werden kann (15), sind private Bauherren nicht verpflichtet, die VOB zu beachten. Nur dann, wenn private Bauherren mit den Auftragnehmern die Anwendung der VOB vereinbaren, bekommen Teil B und C Rechtskraft. Auf keinen Fall sind aber private Bauherren bis zum Vertragsabschluß an VOB/A gebunden.

Der Baubedarf privater Auftraggeber ist stark konjunkturabhängig, da die augenblicklichen und die erwarteten Erträge der Bauherren die Grundlage für die Bauinvestitionen sind. Private Auftraggeber stellen in der Regel gesamtwirtschaftliche Überlegungen ihrer privatwirtschaftlichen Lage hintenan und orientieren ihre Investitionsentscheidungen an den eigenen Wirtschaftserwartungen.

Aufträge privater Bauherren unterliegen nur in geringem Umfang saisonalen Einflüssen (16). Sofern eine Investitionsentscheidung getroffen ist, wird sie meistens auch rasch realisiert, damit sie sich möglichst schnell auch ertragsmäßig auswirkt. Außerdem sollen die Investitionsentschlüsse aus Wettbewerbsgründen geheim bleiben. Dies führt zu recht knapp bemessenen Erstellungsterminen und zu Vergabemethoden, die den Vorschriften VOB/A nicht entsprechen. Oft werden z.B. Bauunternehmen im Zeitraum der Planung zur Zusammenarbeit angesprochen bzw. mit der Planung beauftragt. Voraussetzung hierfür ist ein gutes Vertrauensverhältnis zwischen Bauherrn und Bauunternehmen.

Ein privater Auftraggeber schreibt selten einen Auftrag öffentlich aus, obwohl er weiß, daß sein Bauobjekt von einer Vielzahl von Bauunternehmen erstellt werden kann. Er verzichtet auch meist auf beschränkte Ausschreibungen und vergibt freihändig. Das heißt jedoch nicht, daß er sich nicht über die Marktlage informiert. Im allgemeinen wird er sich bei einer Reihe ihm bekannter Bauunternehmen nach deren Preisvorstellungen und eventuellen Alternativvorschlägen erkundigen, um dann in Preisverhandlungen einzutreten.

Der von privaten Auftraggebern angeregte Wettbewerb ist meist ein Qualitäts- und Preiswettbewerb, also ein mehrdimensionaler Wettbewerb, bei dem verschiedene Alternativen und Preise gegenübergestellt werden.

Die häufigsten Verfahrensweisen bei privaten Vergaben sind folgende:

a) Die Preiserkundigung wird nur als eine Informationsbeschaffung betrachtet, da der Zuschlag an ein schon feststehendes

Unternehmen (das Hausunternehmen, mit dem schon jahrelang zusammengearbeitet wird) erteilt werden soll. Mit diesem Unternehmen wird bei divergierenden Preisvorstellungen verhandelt, wobei die Preise der anderen Unternehmen als Vergleichsmaßstab herangezogen werden.

b) Die Preiserkundigung dient wie bei a) zur Information über die Preislage, damit danach mit den Hausunternehmen verhandelt werden kann. Die Verhandlungen werden so geführt, daß entweder

   α) über den Zeitablauf hinweg eine gleichmäßige Verteilung an die in Frage kommenden Unternehmen erreicht wird, oder

   β) mit dem günstigst bietenden Hausunternehmen wegen der Auftragserteilung verhandelt wird.

c) In Ausnahmefällen wird öffentlich ausgeschrieben und dem Unternehmen mit dem günstigsten Angebot (Qualität-Bauzeit-Preis), zum Teil erst nach Nachverhandlungen, der Zuschlag erteilt.

Da das einzelne Bauunternehmen meist in gleicher Art und Weise kalkuliert, sind seine Preisforderungen im allgemeinen gut nachprüfbar, besonders in Bezug auf spätere Nachtragsforderungen. Die Hausunternehmen werden sich hüten, irgendwelche Preise zu überhöhen, da der Auftraggeber im Laufe der Zeit einen guten Einblick in ihre Kostensituation hat.

Das Fehlen eines ausgeprägten formalen Wettbewerbs bei Privataufträgen braucht also nicht zu überhöhten Preisen zu führen. Nach Reck (17), der Ausschreibungspreise und Preise von Stammlieferanten (also Hausunternehmen) auf verschiedenen Märkten untersucht hat, schwanken die Ausschreibungspreise erheblich stärker als die Preise von Stammlieferanten. Letztere versuchen ihre Preise konstant zu halten, was bei einer Rezession zu höheren, bei einem Konjunkturhoch zu niedrigeren Preisen als bei Ausschreibungen führt. Ständige Änderungen der Preise eines Stammlieferanten "würden einen Käufer veranlassen, sich nach anderen Bezugsquellen umzuschauen. Ein Stammlieferant, dem es darum zu tun ist, seine Kunden zu halten, wird daher nicht mit jeder Änderung seiner Beschäftigungslage sofort mit Preisänderungen reagieren ... Diese Tendenz zu einer stetigen Preispolitik auf Kosten schwankender Beschäftigung ist überall dort zu beobachten, wo engere Marktbeziehungen herrschen" (18).

Bauunternehmen des Raumes Aachen bestätigen, daß sie eine gleiche Preispolitik als Hausunternehmen betreiben.

Es ist also berechtigt anzunehmen, daß ein Verzicht auf VOB-gerechte Vergabensweisen über einen längeren Zeitraum hinweg zu keinen höheren Preisen führen muß. Voraussetzung hierfür ist jedoch, daß die mit der Vergabe betrauten Angestellten in möglichst geringem Grade menschlichen Schwächen, wie etwa Korruptionsanfälligkeit, Eitelkeit, vorgefaßten Meinungen etc. unterliegen.

Da private Auftraggeber im Normalfall nach erwerbswirtschaftlichen Gesichtspunkten arbeiten und ihren Mitarbeitern Anreize verschiedenster Art (Prämien, Kontrolle etc.) zum wirtschaftlichen Verhalten bieten, ist eine zu überhöhten Preisen führende Vergabepolitik der Mitarbeiter im privaten Geschäftsverkehr selten anzutreffen. Es erübrigt sich also eine zu starre verfahrenstechnische Sicherung der Vergabepraktiken.

Die Seltenheit öffentlicher Ausschreibungen durch private Auftraggeber und die aus der Kooperation von Bauherrn und Bauunternehmen herrührende Diskretion führt dazu, daß nur sehr wenige detaillierte Informationen über private Aufträge erreichbar sind. Eine Auswertung der ibau-Submissionsstatistiken für den Landesteil Nordrhein ergab für 1967 ein Verhältnis von 427:1 zwischen öffentlichen Ausschreibungen der öffentlichen Hand und denen privater Bauherren.

Aus diesem Grund und da VOB/A für private Auftraggeber nicht verbindlich, sowie ein präferenzenfreier Preiswettbewerb bei privaten Vergaben selten ist, werden im Rahmen dieser Untersuchung die privaten Aufträge nicht weiter berücksichtigt.

1.3.2 Die Auftraggeber der öffentlichen Hand

Als öffentliche Hand bezeichnet man alle Körperschaften des öffentlichen Rechts insbesondere "im Zusammenhang mit ihrer Tätigkeit als Unternehmer (öffentliche Wirtschaftsbetriebe) oder im Hinblick auf ihr Vermögen (Fiskus)" (19). Die öffentliche Hand, deren Aufgabe die Bewirtschaftung öffentlicher Mittel ist, ist ein Teil der öffentlichen Verwaltung. Ihre Entscheidungen sind zweckbestimmt und haben meist einen gewissen Ermessensspielraum.

"Der Neuaufbau der Verwaltung nach 1945 von unten nach oben knüpfte im wesentlichen an die Zeit vor 1933 an, jedoch ohne großen leitenden Prinzipien, sondern lediglich Augenblickserfordernissen und -tendenzen zu folgen" (20). Die Dreiteilung in Bundes-, Länder- und Selbstverwaltung führte zu einer starken Dezentralisierung der Verwaltungen.

Die Bewirtschaftung der öffentlichen Mittel wird durch den öffentlichen Haushalt geregelt, der aus Haushaltsplan (Soll-Budget) und Haushaltsrechnung (Ist-Budget) besteht. Der Haushaltsplan besitzt den Charakter einer rechtlichen Verpflichtung für die Verwaltung (21). Das bedeutet, daß innerhalb eines Planzeitraumes nur solche Ausgaben getätigt werden dürfen, die auch im Haushaltsplan aufgeführt sind. Ausgaben und Einnahmen sollen sich ausgleichen.

Hierunter leidet die fiskalische Vergabetätigkeit ganz besonders. Die Verabschiedung der Haushaltspläne, die im Normalfall für ein Jahr Gültigkeit haben, verschiebt sich oft in das Haushaltsjahr hinein. Folglich ergibt sich zu Beginn eines jeden Haushaltsjahres (vor Haushaltsverabschiedung) eine erhebliche Unsicherheit bei der Bewirtschaftung der öffentlichen Mittel. Da die umfangreichen Personalausgaben nicht eingestellt werden können, werden Sachausgaben, besonders Investitionen, soweit wie möglich, bis zur Verabschiedung des Haushalts zurückgestellt

Nach § 46 der Reichshaushaltsordnung (RHO) soll den Verträgen zur Beschaffung von Gütern und Leistungen eine öffentliche Ausschreibung vorausgehen, wenn nicht die Natur des Geschäftes oder durch besondere Umstände eine Abweichung hiervon zu rechtfertigen ist. Grundlage der Vergabe von Bauleistungen durch die öffentliche Hand ist die Verdingungsordnung für Bauleistungen (VOB). Sie ist für fast alle Behörden (22) verpflichtend.

Außerdem gibt es noch preisrechtliche Sonderregelungen, die Vorrang vor der VOB haben. Diese Sonderregelungen wurden im Laufe der Jahre weiterentwickelt, damit sich marktwirtschaftliche Grundsätze auf dem Gebiet des öffentlichen Auftragswesens durchsetzen. Ihren vorläufigen Abschluß haben sie in der letzten Fassung der Baupreisverordnung (Verordnung PR Nr. 1/72) gefunden, die den Vorrang von Marktpreisen betont, gleichzeitig jedoch unerwünschte Preisauftriebe vermeiden will.

Öffentliche Aufträge im Sinne der Baupreisverordnung sind Aufträge der juristischen Personen des öffentlichen Rechts, dann aber auch solche, die von Unternehmen des Privatrechts im Auftrage juristischer Personen des öffentlichen Rechts vergeben werden. Weiterhin sind der Baupreisverordnung auch die Aufträge unterworfen, die mindestens zu 50 % durch öffentliche Mittel finanziert bzw. verbürgt werden.

Die öffentliche Hand als Bauherr bedient sich besonderer Dienststellen, denen die Durchführung öffentlicher Bauarbeiten obliegt. In Nordrhein-Westfalen (23) handelt es sich dabei in der Hauptsache um folgende Behörden:

1) die Finanzbauverwaltung des Landes,
2) die Wasserstraßenverwaltung,
3) die Staatshochbauverwaltung des Landes,
4) die Bauverwaltungen der Landschaftsverbände Rheinland und Westfalen,
5) die kommunalen Hoch-, Straßen- und Tiefbauämter.

Da zwischen den einzelnen Bauverwaltungen Unterschiede politischer, fachlicher und organisatorischer Art bestehen, ergibt sich auch in ihren Arbeitsweisen und Verfahrenswegen keine vollkommene Gleichartigkeit. Besonders negativ machen sich die Eigeninteressen der entsprechenden Bauherren bemerkbar. Die einzelnen Verwaltungen handeln teilweise nicht so, als ob sie für den Staat als Gesamtheit auftreten, sondern sie konkurrieren miteinander auf der Nachfragerseite des Baumarktes. Deutlichstes Zeichen der mangelnden Koordination der Vergabetätigkeit der einzelnen Behörden sind die saisonalen Schwankungen der Bauvergaben (siehe Abb. 5), die wegen der daraus resultierenden saisonal unterschiedlichen Kapazitätsauslastung der Unternehmen zu erheblichen Preisschwankungen führen können.

Ein zweites Problem bei der Vergabetätigkeit der öffentlichen Hand ergibt sich aus dem Konflikt zwischen dem persönlichen Interesse des einzelnen Bediensteten und den Aufgaben der Behörde. Nach Frey (24) verfolgt der einzelne Bedienstete das Ziel, seinen eigenen persönlichen Nutzen zu maximieren (höheres Ansehen, Macht, Beförderung etc.).

Aus all diesen Gründen, besonders aber da der öffentlichen Verwaltung aus ihrem Wesen heraus der Antrieb zum wirtschaftlichen Handeln fehlt, muß das öffentliche Vergabewesen durch Vorschriften und Kontrollen zum wirtschaftlichen und sparsamen Einsatz der öffentlichen Mittel angehalten werden.

In der Privatwirtschaft ist es für den einzelnen Angestellten ein erstrebenswertes Ziel, die einzusetzenden Finanzmittel zu minimieren und so den Gewinn zu vergrößern, um daran über Tantieme, Gewinnbeteiligung oder Prämie zu partizipieren; im Bereich der öffentlichen Hand fehlen nicht nur diese Anreize, sondern es besteht dort das Bestreben, den Etat vollkommen auszuschöpfen, um die Mittel nicht verfallen zu lassen und um im nächsten Jahr höhere Mittel zur Verfügung zu haben.

Der Ermessensbereich derjenigen, die mit öffentlichen Mitteln auf dem Baumarkt als Nachfrager auftreten, wird durch die schon aufgeführten Vorschriften erheblich eingeengt. Menschliche Trägheit, Günstlingswirtschaft, Korruption, Gebietsprotektionismus und parteipolitische Aspekte dürfen bei der öffentlichen Vergabe keine Rolle spielen.

Auch wenn private Auftraggeber positive Erfahrungen mit Vergabemethoden machen, die VOB/A nicht entsprechen, sollte dies nicht dazu führen, ähnliche Methoden bei der Vergabe öffentlicher Aufträge anzuwenden. Nur klare und eindeutige Verfahren, die eine Kontrolle durch die Öffentlichkeit zulassen, besonders also die von der VOB als vorrangig bezeichnete öffentliche Ausschreibung, gewähren eine Objektivierung der öffentlichen Auftragsvergabe und vermeiden unnötiges Mißtrauen gegenüber der Verwendung öffentlicher Mittel. Die Befolgung der als Dienstanweisungen vorgegebenen Vergaberichtlinien (VOB, RHO, etc.) muß durch die vorgesetzten Aufsichtsbehörden und von den Rechnungsprüfungsbehörden überwacht werden.

Da eine Dienstanweisung nur eine Bindung der Behörde im Innenverhältnis ist, gilt sie nicht für das Verhältnis der Behörde zu einem ihr fiskalisch gegenüberstehenden Unternehmen. Handelt eine Behörde nicht gemäß der VOB/A, so steht dem betreffenden Bauunternehmen nur der Weg der Dienstaufsichtsbeschwerden offen. Wird also ein Unternehmen durch eine gewisse Verfahrensweise, die zwar dem Teil A der VOB entspricht, jedoch im Einzelfall nicht gerechtfertigt ist, bevorteilt, ein anderes aber benachteiligt, so kann dieses eine Dienstaufsichtsbeschwerde an die Aufsichtsbehörde richten. Ein typischer Fall wäre z.B. der willkürliche Verzicht auf eine öffentliche Ausschreibung. Die Dienstaufsichtsbeschwerde führt zwar zu keinem rechtlich durchsetzbaren Anspruch, ist jedoch kein zu unterschätzender Vorteil für Bauunternehmen, "wenn man berücksichtigt, daß ein privater Auftraggeber weder selbst noch durch eine dritte Person im Grundsatz angehalten werden kann, in bestimmter Weise zu verfahren und gewisse Regeln einzuhalten" (25).

Durch die Verpflichtung zur öffentlichen Ausschreibung soll eine ständige Kooperation zwischen einem Unternehmen und einer Behörde praktisch unmöglich gemacht werden. Jede einzelne Vergabeentscheidung einer Behörde ist unter dem Gesichtspunkt der sparsamen Verwendung öffentlicher Mittel zu treffen. Deswegen sollte unter fachlich qualifizierten Unternehmen dem niedrigstbietenden Unternehmen der Zuschlag erteilt werden.

1.4 Die Anbieter von Bauleistungen

1.4.1 Strukturelle Gegebenheiten des Bauhauptgewerbes

Die im Bauwesen tätigen Unternehmen (26) werden unter dem Begriff Baugewerbe zusammengefaßt. Das Baugewerbe gliedert sich in Bauhauptgewerbe und Ausbau- und Bauhilfsgewerbe. Nach der Begriffsbestimmung des Statistischen Bundesamtes werden alle Unternehmen zum Bauhauptgewerbe gerechnet, die den Roh-, Tief- und Spezialbau betreiben (27).

Das Ausbau- und Bauhilfsgewerbe umfaßt dagegen alle Unternehmen, die Bauinstallationen, Maler-, Glaser-, Bodenarbeiten, Gerüstbau etc. (28) durchführen. Da also die eigentlichen Bauarbeiten in den Bereich des Bauhauptgewerbes fallen, soll dieses im Folgenden nur noch betrachtet werden.

Das "Gesetz über die Allgemeine Statistik in der Industrie und Bauhauptgewerbe" vom 15.7.1957 (BGBl. I Nr. 31, S. 720) unterscheidet die dem Bauhauptgewerbe zugeordneten Bauarbeiten wie folgt:

1) Der Rohbau (Hochbau) umfaßt den Erdaushub, Maurer-, Zimmerer- und Dacharbeiten sowie den Außenputz.
2) Der Tiefbau beinhaltet die Arbeitsgebiete des Bauingenieurs, also den Eisenbahn- und Straßenbau, Erdbau, Wasserbau, Brükkenbau, Tunnelbau und den konstruktiven Ingenieurbau.
3) Der Begriff Spezialbau dient nur dazu, gewisse Arbeiten einzuordnen, die weder zum Rohbau noch zum Tiefbau und auch nicht zum Ausbaugewerbe gehören.

Diese Dreiteilung darf nicht als starres Schema aufgefaßt werden, da der Übergang zwischen den Arbeitsgebieten gleitend ist, da viele Unternehmen in mehreren Bereichen arbeiten und manche Arbeiten schon teilweise den Bereich des Bauhauptgewerbes verlassen.

Bei Betrachtung der einzelnen Betriebsgrößen der Bauunternehmen (Abb. 1) ist zu berücksichtigen, daß die geringen Fixkosten der Kleinbetriebe - sie besitzen zum Beispiel kaum größere Maschinen - sich günstig auswirken, da so auch Zeiten des Auftragsmangels gut überbrückt werden können. Verbessert sich die Auftragslage, so gelingt die Anpassung an die neue Situation meist mit Hilfe von Überstunden und eventuellen Neueinstellungen. Abb. 1 zeigt, daß diese Betriebe auch in Rezessionszeiten ihre Arbeitskräfte behielten.

Wenn nun ein kleiner Baubetrieb einen oder mehrere größere Aufträge erhält und dazu neues Personal einstellt, so bleibt er dabei elastisch, sofern er sich nicht maschinenmäßig zu stark ausweitet; er kann bei Verschlechterung seiner Auftragslage Personal entlassen, er wird also wieder zu einem Kleinbetrieb.

Die Bauunternehmen bemühen sich bei schlechter Auftragssituation mit nicht kostendeckenden Preisen um Aufträge und können so relativ lange Zeiträume überstehen. Diese Tatsache erklärt auch, warum sich viele unrentable Bauunternehmen oft noch jahrelang bis zu ihrer Liquidierung auf dem Baumarkt halten.

Konzentrationsbestrebungen im Bauwesen müssen sich nicht unbedingt in einer arbeitskräftemäßigen Vergrößerung der Betriebe äußern, sondern können sich auch so auswirken, daß sich kleinere Betriebe spezialisieren und deshalb in ihrer Größe erhalten bleiben (Montage, Eisenbiegen etc.).

Dadurch, daß die Auftragsgrößen im Bauwesen vom technischen und umsatzmäßigen Blickpunkt aus so verschiedenartig sind, ergeben sich für die jeweiligen Arbeiten entsprechende optimale Betriebsgrößen. Unternehmen, die in ihrer technischen und finanziellen Kapazität begrenzt sind, schließen sich deshalb für größere Bauvorhaben zu einer Arbeitsgemeinschaft zusammen.

Die Umstellung auf die Mehrwertsteuer förderte diese Kooperationsbestrebungen im Bauwesen, da kleine und mittlere Unternehmen - die sich spezialisiert haben, entsprechendes Fachpersonal und geeignete Maschinen besitzen - nun kostengünstiger zusammenarbeiten können. Dadurch können sie die Vorteile eines Klein- und Mittelbetriebes mit denen eines Großbetriebes verbinden. Für die wachsende Zahl von großen Aufträgen werden sich so in Zukunft nicht nur Großunternehmen, sondern auch andere Unternehmen erfolgreich bewerben können.

Betriebe des Hoch-, Tief- und Ingenieurbaus, also Universalbetriebe, die praktisch alle Ingenieurbauten durchführen, sind meist Mittel- und Großbetriebe, da der Universalbetrieb einen großen Maschinenpark erfordert. Die Zahl dieser Betriebe nimmt ständig ab, jedoch beschäftigen diese Betriebe noch immer einen großen Teil der im Bauhauptgewerbe tätigen Arbeitskräfte (Abb. 4).

Der Hauptgrund für die verschlechterte Geschäftslage der Universalbetriebe ist, daß sie durch ihren Maschinenpark, der praktisch alle Maschinen des Bauwesens umfassen muß, erheblich in ihrer finanziellen Beweglichkeit eingeschränkt sind und die Erlösschmälerungen der letzten Jahre teilweise nicht überstehen konnten.

Am zahlreichsten sind die Betriebe des Hoch- und Ingenieurbaus, die meist zu den Klein- und Mittelbetrieben gehören. Dieser Teil des Bauhauptgewerbes beschäftigt auch die meisten Arbeitskräfte. Die Zahl der Tief- und Ingenieurbaubetriebe und der Straßenbaubetriebe nahm stark zu, jedoch verringerte sich die Zahl ihrer Beschäftigten in Rezessionszeiten erheblich. Diese Tatsache ergibt sich einerseits daraus, daß Betriebe des Tief- und Ingenieurbaus in starkem Maße von den Aufträgen der öffentlichen Hand abhängen, die bei Verschlechterung der Konjunkturlage erheblich zurückgehen, andererseits verdrängen in diesem Bereich des Bauwesens Maschinen immer mehr die menschliche Arbeitskraft. Das schließt jedoch nicht aus, daß es auch in diesem Bereich noch viele Kleinbetriebe gibt, die zum Beispiel nur Kanalisationsarbeiten geringeren Umfanges erstellen.

1.4.2 Der Baubetrieb und seine Auftragsbeschaffung

Baubetriebe erstellen in der Regel mit Hilfe ihrer mobilen Betriebsstätten an den ihnen zugewiesenen Plätzen jeweils nur ein Produkt. Währenddessen müssen sie sich schon um neue Aufträge (Anschlußaufträge) bemühen. Auftragsbestände, die sich über mehr als vier Monate erstrecken, sind im Bauwesen selten. Eine langfristige Produktionsplanung ist deshalb sehr schwierig. Bauunternehmen wissen also nicht im voraus, ob sie Anschlußaufträge erhalten, welcher Art sie sind und wo sie zu erfüllen sind. Diese Tatsache bedingt eine erhebliche Unsicherheit in der Betriebspolitik und scheint denjenigen recht zu geben, die eine langfristige Vorausplanung im Bauwesen für unmöglich halten. Baubetriebe arbeiten also in Einzelfertigung, d.h. sie "produzieren zu derselben Zeit entweder nur ein Stück oder zwar mehrere Stücke, die aber untereinander verschieden sind" (29).

Zwar wird heute schon in verstärktem Umfang Serienfertigung im Bauwesen durchgeführt, insgesamt gesehen spielt sie aber im Rahmen öffentlich ausgeschriebener Bauobjekte (besonders im Tiefbau) eine unbedeutende Rolle.

Die im Bauwesen anfallende Einzelfertigung ist eine Auftragsfertigung, "da die Betriebe nur auf Grund einer Auftragserteilung die Produktion aufnehmen. Dies ist gar nicht anders möglich, da Bauwerke als Ganzes nicht lagerfähig sind, sondern am Verwendungsort erstellt werden müssen" (30).

Bauunternehmen müssen sich also ständig um Aufträge bemühen und können dabei nie wissen, welche und wieviele Aufträge sie wo erhalten werden. Hieraus ergeben sich erhebliche Probleme für den Produktionsfaktoreneinsatz, da nicht alle Produktionsfaktoren eines einzelnen Unternehmens universell verwendbar sind. Grundsätzlich sind zwei Kapazitätsbereiche in einem Unternehmen zu unterscheiden:

die universell einsetzbaren Produktionsfaktoren und

die nur für Spezialzwecke verwendbaren Produktionsfaktoren.

Spezialgeräte (z.B. Straßenvertiger) haben einen eng begrenzten Bereich von Bauobjekten, für den sie einsetzbar sind. Universalgeräte (z.B. Mischer) können dagegen für eine Vielzahl von Objektarten mehr oder weniger wirtschaftlich verwendet werden.

Facharbeiter sind wegen ihrer Ausbildung an sich nur als speziell einsetzbare Produktionsfaktoren anzusehen; meist ist ihre Befähigung jedoch viel größer als ihr ursprüngliches Ausbildungsfach, so daß Facharbeiter meist für eine Vielzahl von Objektarten wirtschaftlich einsetzbar sind. Vollkommen universell sind dagegen Hilfskräfte im Rahmen untergeordneter Arbeiten einsetzbar.

Das Problem der Unsicherheit über Art und Menge der zu erwartenden Aufträge ist ein wesentlicher Grund für die sich oft unverständlich stark unterscheidenden Preisforderungen der einzelnen Bieter bei öffentlichen Ausschreibungen (31). Hinzu kommen die Schwankungen in der Vergabe der öffentlichen Aufträge.

In der Mitte eines jeden Kalenderjahres häufen sich die Aufträge und nehmen dann zum Jahresende hin stark ab (siehe Abb. 5). Je nach Witterungsbedingungen und Etatbewilligungen werden dann im Frühjahr wieder mehr Aufträge vergeben.

Diese Tatsache erklärt sich aus dem schon in 1.3.2 besprochenen Problem der Etatbewilligungen und aus der Dezentralisierung der vergebenden Stellen. Nach Bewilligung der Haushalte, dies geschieht zumeist erst am Jahresanfang, drängen alle vergebenden öffentlichen Stellen auf den Baumarkt. Gegen Ende des Jahres treten dann die vergebenden Stellen seltener auf dem Baumarkt auf, da sie den vorgegebenen Etat nicht überschreiten dürfen.

Die Dezentralisierung der vergebenden Stellen führt zu einem vom Zufall abhängenden Verstärkungseffekt der Vergabeschwankungen. Dies zeigt sich recht deutlich in Abb. 6. Läßt man die Konjunkturanregungsmaßnahmen des Spätsommers 1967 (die zentral gesteuert wurden) außer Betracht, so fällt auf, daß die Landesbehörden als zentrale Behörden viel gleichmäßiger vergeben als die Kommunen.

Sofern eine Kommune ihren Haushalt verabschiedet hat und die Planunterlagen vorliegen, tritt sie mit einem Großteil ihrer Bauwünsche auf dem Baumarkt auf. Da die kleinen und mittleren kommunalen Auftraggeber nur einen oder wenige Aufträge in einer Bausparte vergeben (siehe Abb. 7), treten sie nur kurzzeitig auf dem Baumarkt in Erscheinung.

Nach Abb. 8 macht der Anteil der kommunalen Aufträge am gesamten öffentlichen Vergabevolumen fast 50 % aus. Durch die Dezentralisierung der kommunalen Vergaben und der daraus resultierenden etat- und zufallsbedingten Auftragshäufungen tritt eine erhebliche Beunruhigung auf dem Baumarkt auf.

Die Folge ist, daß die mittlere Bieterzahl sich dem Vergabevolumen anpaßt (Abb. 5), da bei geringem Vergabevolumen sich die Unternehmen durch häufigeres Bieten darum bemühen, genügend Aufträge zur eigenen Kapazitätsauslastung zu erhalten. Die Kurven der Auftragsvergaben und der mittleren Bieterzahl verlaufen deshalb spiegelbildlich zueinander.

Die Unternehmen bewerben sich also zu Jahresbeginn, wenn nur wenige Ausschreibungen durchgeführt werden, verstärkt um Aufträge, obwohl sie auf Grund ihrer Erfahrung wissen, daß das Auftragsvolumen im Jahresablauf wieder schnell ansteigt. Diese Erfahrung gilt jedoch nur für das Bauhauptgewerbe als Ganzes. Das einzelne Unternehmen ist nie sicher, ob es selber genügend Aufträge erhalten wird. Es bemüht sich also, um möglichst bald einen sicheren Auftragsbestand zu haben, im Frühjahr mit verstärktem Eifer um Aufträge.

Durch diese Maßnahmen bieten die Unternehmen ihre Kapazitäten zu niedrigen Preisen an und haben in den auftragsstarken Monaten nur noch beschränkte Möglichkeiten zur Hereinnahme weiterer Aufträge. Den meisten Bauunternehmen ist jedoch eine sichere Auslastung ihrer Kapazität wichtiger als das risikoreiche Warten auf spätere gewinnträchtigere Aufträge.

Den öffentlichen Auftraggebern bietet sich also zu Jahresbeginn die Chance, ihre Aufträge zu relativ niedrigen Preisen zu vergeben. Die meisten Behörden nutzen diese Chance jedoch nicht und schreiben die Großzahl ihrer Aufträge zum Teil erst im Sommer aus, wenn die Kapazitäten der Firmen schon weitgehend ausgelastet sind. Hierdurch werden öffentliche Mittel unnötig ausgegeben. Dies ist besonders deshalb zu kritisieren, weil innerhalb der Winterzeiten ein Teil der Unternehmenskapazitäten unausgelastet ist. Außerdem führt die Auftragshäufung im Sommer recht häufig zu Preisabsprachen der kapazitativ gut ausgelasteten Unternehmen.

Für die Bauunternehmen, deren Fertigungstechnik heute eine Weiterarbeit im Winter ermöglicht, haben Vergabeschwankungen die Folge, daß im Winter und im Frühjahr Auftragsmangel herrscht und Arbeitskräfte entlassen werden müssen. Auf die geleisteten Arbeitsstunden wirkt sich das so aus, daß sie in den Wintermonaten stark abnehmen (siehe Abb. 5). Der witterungsbedingte Ausfall von Arbeitsstunden ist also keineswegs der alleinige Grund für die geringe Arbeitsstundenzahl im Winter.

Die in den letzten Jahren getroffenen Maßnahmen zur Förderung des Bauens im Winter haben die Ausschläge der saisonalen Arbeitsstunden verringert, jedoch werden auch heute noch Bauarbeiter im Winter entlassen oder erleiden Einnahmeausfälle, wohingegen im Sommer nicht genügend Arbeitskräfte zur Verfügung stehen. Die Folge davon ist, daß jedes Jahr mehr Bauarbeiter in die stationär

Wirtschaft abwandern, um dort bei geregelter Arbeitszeit und langfristiger Anstellung eine witterungsgeschützte Arbeit auszuüben.

Diesen Schutz gegen Witterungseinflüsse können Bauunternehmen nicht in demselben Umfang bieten, da bei Auftragserhalt das Bauobjekt an seinem Standort errichtet werden muß. Wenn auch immer mehr versucht wird, durch Vorfertigung von Bauteilen die Vorteile der stationären Fertigung auszunutzen, so herrscht doch noch immer, besonders im Tiefbau, die Baustellenfertigung bei weitem vor. Die Schwierigkeiten dieser Fertigungsweise sind bekannt und werden noch dadurch erhöht, daß Bauunternehmen wegen der Auftragsfertigung nie wissen, ob sie für die sinnvolle Auslastung ihrer Produktionskapazitäten die entsprechenden Aufträge erhalten.

2. Die Wettbewerbsverhältnisse auf dem Tiefbaumarkt

2.1 Grundlagen der Untersuchungen

Im Rahmen der folgenden Untersuchungen über den Einfluß der Objektentfernung auf das Bieterverhalten konnte festgestellt werden, wie weit der Aktionsradius von Unternehmen reicht, welche regionalen Einflüsse eine Rolle spielen und inwieweit Auftragsart und Auftragsgröße von Bedeutung sind. Wegen der Beschränkung auf öffentliche Auftraggeber wurde nur der Tiefbaumarkt untersucht. Auf ihm tritt die öffentliche Hand praktisch als alleiniger Auftraggeber (32) auf.

Abb. 8 zeigt, daß der Straßenbau mehr als die Hälfte des Vergabevolumens der öffentlichen Hand beansprucht. Beachtlich ist daneben noch der Anteil der wasserwirtschaftlichen Tiefbauten bei den Gemeinden. Da nicht alle sachlichen Märkte detailliert untersucht werden konnten, wurde meist der Straßenbau als Untersuchungsobjekt ausgewählt.

Wenn nun im Folgenden der Hauptschwerpunkt der Untersuchungen auf mittleren und kleinen Aufträgen und Unternehmen liegt, so deshalb, weil sie den Hauptanteil an der Vergabetätigkeit haben (vgl. Abb. 9). Mittlere und kleine Aufträge, die in ihrer Art stets gleich bleiben und sich meist nur im Detail voneinander unterscheiden, bieten für einen Preiswettbewerb die günstigsten Voraussetzungen, da sie von einer Vielzahl von Unternehmen ausgeführt werden können. Andererseits machen die kleinen und mittleren Unternehmen, die diese Aufträge hauptsächlich durchführen, das Gros der Bauunternehmen und somit der Anbieterseite aus (vgl. Abb. 1).

Selten vorkommende Spezialobjekte (z.B. Dichtungsarbeiten an Talsperren) und Großbauten (z.B. Strombrücken) können dagegen zumeist nur von wenigen und dazu meist auch großen Unternehmen durchgeführt werden und fallen deshalb außerhalb dieser Untersuchung.

2.2 Die Aktionsradien

2.2.1 Regional bedingte Aktionsradien

Der Aktionsradius der meisten Unternehmen beschreibt ein verhältnismäßig kleines Gebiet. Abb. 10 zeigt, daß Angebote aus einer Objektentfernung von mehr als 50 km selten sind. Im Stadtstraßenbau sind mehr als 50 % aller Bieter am Bauort beheimatet, nur etwa 10 % aller Bieter haben eine Objektentfernung von mehr als 30 km. Dies erklärt sich aus der Tatsache, daß in Städten meist eine große Zahl von potentiellen Bietern des Straßenbaumarktes beheimatet ist.

Die kommunalen Baubehörden bevorzugen recht gerne örtliche Unternehmen aus steuerlichen Gründen, aus Lokalpatriotismus und wegen persönlicher Verbindungen einflußreicher Vertreter der Kommunen mit den ansässigen Unternehmen. Außerdem haben die örtlichen Unternehmen mehr Erfahrung in der Zusammenarbeit mit den jeweiligen Baubehörden gesammelt; sie benötigen keine besonders aufwendigen Leistungsbeschreibungen und kennen die speziellen Anforderungen, die vom betreffenden örtlichen Auftraggeber gestellt werden. Letztlich wird auch der Konkurrenzaufruf oft auf Lokalzeitungen beschränkt und erreicht deshalb nur wenige ortsfremde Unternehmen. Diese rechnen sich jedoch keine großen Chancen für einen Auftragserhalt aus, allein schon wegen der durch die Objektentfernung bedingten höheren Kosten (vgl. Abb. 2). Der Effekt der höheren Kosten wäre an sich gar nicht so wettbewerbshemmend, da er ja nur wenige Prozent beträgt. Er wirkt sich jedoch deshalb recht erheblich aus, weil "blind", d.h. ohne Kenntnis über die Preise der Konkurrenten, angeboten werden muß. Eine Preisanpassung an den Preis der bisher Niedrigstbietenden ist dadurch nicht möglich. Auch bei geringfügig höheren Kosten von 1 bis 2 % gegenüber ortsansässigen Unternehmen ist bei blindem Bieten die Wahrscheinlichkeit groß, daß diese Spanne ausreicht, daß wenigstens ein ortsansässiges Unternehmen mit seinem Preis unter dem eines ortsfremden Unternehmen liegt.

Da im Normalfall örtliche Präferenzen implizit (räumliche Begrenzungen der Publikation des Konkurrenzaufrufs, VOB widersprechende Leistungsbeschreibung etc.) oder explizit (siehe Kap. 3.3.2) gegeben sind, und meist wenigstens ein ortsansässiges Unternehmen den Auftragserhalt anstrebt und entsprechend seinen Preis formuliert, wird der Stadtstraßenbau von ortsansässigen Bietern beherrscht.

Im Landstraßenbau gibt es keine ortsansässigen Bieter im engeren Sinne des Wortes. Auffällig ist jedoch, daß der Bieterkreis sich hier nicht nur auf Unternehmen aus den umliegenden Orten der Baustelle beschränkt, sondern daß die überwiegende Zahl der Bieter nicht aus der unmittelbaren Nähe der Baustelle kommt. Die Chance für einen Auftragserhalt ortsfremder Bieter ist also im Landstraßenbau entschieden größer als im Stadtstraßenbau. Außerdem wird ein erheblicher Anteil der Landstraßen durch nicht-kommunale Bauherren (hauptsächlich Landschaftsverband) vergeben, die ihren Konkurrenzaufruf meist überregional veröffentlichen.

Sofern die Auftraggeber implizit oder explizit die Beschränkung des Bieterkreises fördern, rufen sie die Gefahr einer Kartellbildung hervor. Ein örtlicher Anbieterkreis läßt sich nämlich recht einfach kartellartig zusammenfassen. Die Mitglieder sind leicht zu beobachten, und solche Unternehmen, die noch keine

Mitglieder des Kartells sind, können entweder gezielt angeworben oder bekämpft werden.

2.2.2 Die Beeinflussung der Aktionsradien durch die Auftragsgröße

Abb. 10 läßt erkennen, daß mit zunehmender Auftragsgröße (33) beim Landstraßenbau die Zahl der ortsfremden Bieter anwächst. Deshalb wurde für den Landesteil Nordrhein, getrennt nach Auftragsgrößenklassen (34) ermittelt, woher die Bieter kamen.

Stellt man den Trend der Zunahme ortsfremder Bieter in Abhängigkeit von der Auftragsgröße dar, so ergibt sich Abb. 11.

Abb. 12a differenziert die allgemeine Aussage der Abb. 11 und zeigt die Bieterzahl in Abhängigkeit von Auftragsgröße und Objektentfernung. Es ist ersichtlich, daß das Auftreten ortsfremder Bieter in ländlichen Gebieten erheblich häufiger ist als im Mittel des Landesteils Nordrhein. Betrachtet man einige ausgewählte Großstädte (Abb. 12b), so erkennt man, daß erst bei größeren Aufträgen ortsfremde Unternehmen häufiger anbieten. Insgesamt zeigt sich, daß die Beteiligung von Bietern aus größeren Entfernungen mit zunehmender Auftragsgröße ansteigt. Jedoch ist unverkennbar, daß bei Aufträgen bis zu 1,5 Mio DM die Zahl der örtlichen und bauortsnahen Bieter bei weitem überwiegt. Hiervon ist jedoch die Zahl der Submissionsteilnehmer insgesamt gesehen unabhängig, da im gleichen Maße wie die Wettbewerbsbeteiligung ortsfremder Unternehmen zunimmt, kleinere örtliche Unternehmen als Wettbewerbsteilnehmer ausscheiden (vgl. Abb. 13).

2.3 Die Häufigkeit der Angebotsabgaben auf einzelnen regionalen Märkten

Für den Tiefbaumarkt des Raumes Köln-Aachen wurde untersucht, wie häufig die einzelnen Unternehmen Angebote auf bestimmten, örtlich begrenzten Märkten abgaben. Für die örtlichen Teilmärkte des Raumes Aachen konnte festgestellt werden (vgl. Abb. 14), daß immer die gleichen Unternehmen die meisten Angebote abgaben. Insgesamt gesehen zeigt sich dabei, daß der Kreis der wichtigen, d.h. häufigen Anbieter, recht begrenzt ist. Angebote von Unternehmen, deren Niederlassungen außerhalb des örtlichen Marktes liegen, waren selten. Man kann deshalb im Zusammenhang mit Abb. 15 sagen, daß der Kreis der wichtigen Konkurrenten eines Unternehmens eng begrenzt ist. Es läßt sich deshalb vermuten, daß sich jedes Unternehmen ein ziemlich genau festlegbares Interessengebiet vorgibt, innerhalb dessen es nur mit einem begrenzten Kreis von Unternehmen häufiger konkurriert. Hierdurch wird dementsprechend die Realisierung von wettbewerbshemmenden Absprachen erleichtert.

2.4 Die Auftragsgebiete

2.4.1 Die räumliche Lage von Auftragsgebieten

Unter der Annahme, daß ein Niedrigstgebot auch zum Auftragserhalt führt, ergeben sich für den vorgegebenen Markt (Köln-Aachen), die in den Abb. 16 und 17 aufgezeigten Auftragsorte ausgewählter Bauunternehmen. Es handelt sich dabei um die wichtigsten Bauunternehmen dieses Raumes, d.h. einerseits um die Meistbietenden und andererseits um die als fachlich bestqualifiziert angesehenen Unternehmen.

Die Bauunternehmen haben, wie sich aus den Karten erkennen läßt, ein begrenztes Gebiet, in dem sie Aufträge erhalten. Dieses Gebiet soll Auftragsgebiet genannt werden, im Gegensatz zum Aktionsradius (Aktionsraum), der das Gebiet beschreibt, in dem Angebote abgegeben werden.

Abb. 16 gibt einen Überblick über das gesamte linksrheinische Gebiet. Abb. 17 beschränkt sich auf den Aachener regionalen Markt. Auf ihm dominieren die beiden Unternehmen HO und LK, die im Jahr 1966 die qualifiziertesten Straßenbauunternehmen dieses Raumes waren. Bedeutende Aachener Straßenbauunternehmen gab es nicht. Abb. 16 zeigt, daß in den Großstädten Köln und Bonn der Auftragserhalt eines ortsfremden Unternehmens der Ausnahmefall ist. In Köln erhielten sogar nur ortsansässige Unternehmen (35) Aufträge.

2.4.2 Die Bedeutung der Unternehmensgröße für das Auftragsgebiet

Die Karten zeigen, daß die Auftragsgebiete der einzelnen Unternehmen recht unterschiedliche Größen haben. Die Auftragsgebiete der kleinen Unternehmen liegen dabei oft in den Randgebieten der Auftragsgebiete größerer Unternehmen.

Nach Abb. 18 ist die Zahl der Niedrigstgebote (= Auftragserhalt) bei öffentlich ausgeschriebenen Bauobjekten für viele Unternehmen sehr gering. Da Kommunen diejenigen öffentlichen Auftraggeber sind, die erfahrungsgemäß am häufigsten beschränkt ausschreiben bzw. freihändig vergeben, wird wahrscheinlich ein erheblicher Teil des Auftragserhalts der kleinen Unternehmen aus beschränkt ausgeschriebenen bzw. freihändig vergebenen Aufträgen (meist kleinere Auftragsgrößen) stammen, da die wenigen Auftragserhalte aus öffentlich ausgeschriebenen Bauobjekten kaum zur Existenzsicherung ausreichen (vgl. Unternehmen KT, das bei keiner öffentlichen Ausschreibung Niedrigstbietender war).

Kleine Bauunternehmen treten also nur in einem eng begrenzten Raum als Konkurrenten der größeren Bauunternehmen auf. Außerdem haben sie auf Grund ihrer kleinen Produktionskapazität nur einen geringen Auftragsbedarf. Sie bewerben sich nur von Zeit zu Zeit um Aufträge, d.h. immer dann wenn einer ihrer Aufträge abläuft. Nach Auftragserhalt bleiben sie dann für eine gewisse Zeit vom Markt fern bzw. bieten nur selten an (siehe Abb. 19a).

Abb. 19 gibt nicht nur an, wie häufig das betreffende Unternehmen pro Monatshälfte angeboten hat, sie kennzeichnet auch die Preishöhe der Angebote durch deren V_i-Werte ($V_i = \frac{\text{eigener Preis}}{\text{Niedrigstgebot}}$) (36). Der V_i-Wert sagt also aus, um wieviel das Angebot des beobachteten Unternehmens gegenüber dem Niedrigstgebot teurer ist. V = 1,05 bedeutet zum Beispiel, daß das Angebot 1,05 mal so hoch war wie das Niedrigstgebot; V_i = 1,0 kennzeichnet ein Niedrigstgebot, also sehr wahrscheinlich einen Auftragserhalt. Die Auftragung des Bieterverhaltens in Abb. 19 zeigt, daß die kleinen Unternehmen immer dann das Bieten einstellen, wenn ein oder mehrere Niedrigstgebote (bzw. V_i = 1,05) abgegeben wurden, d.h. wenn Auftragserhalte erzielt wurden.

der Vorgabe einer Kreisfläche, daß im Aachener Raum nicht mehr als 6 Hauptbieter auftreten, die an mehr als 20 % aller Ausschreibungen teilnehmen. Will man bei einer wilden Preisabsprache alle Unternehmen ansprechen, die an mehr als 10 % aller Ausschreibungen des zugehörigen räumlichen Marktes teilnehmen, so sind das im Normalfall nicht mehr als 20 Unternehmen. Nimmt man mit diesen Unternehmen Kontakt auf, so wird es mit deren Hilfe möglich sein, einen Teil der restlichen potentiellen Anbieter in Erfahrung zu bringen.

Man kann sich zur Erfassung der bei einer Ausschreibung auftretenden Bieter auch der Anfragestatistik (42) der Wirtschaftsvereinigung Bauindustrie bedienen. Mit Hilfe dieses Verfahrens werden den interessierten Unternehmen wesentliche Angaben über neue Ausschreibungen gegeben, unter anderem auch die Namen der Anbieter, die der Wirtschaftsvereinigung ihre Submissionsteilnahme angekündigt haben. Da jedoch im Normalfall nie alle Anbieter Mitglieder der Wirtschaftsvereinigung sind und auch nicht alle Mitglieder ihre Teilnahme melden, wenden sich manche Unternehmen direkt an den Bauherrn (oder das ihn vertretende Ingenieurbüro) und versuchen die Namen der Unternehmen zu erfahren, die Angebotsunterlagen erbeten haben.

Sind die Namen der Anbieter bekannt, so versucht man sie durch Telefonate und Besuche zu einer Preisabsprache zu bewegen.

Eine andere Möglichkeit, eine Preisabsprache zu inszenieren, besteht darin, die Bauherren bzw. deren Vertreter zu veranlassen, eine beschränkte Ausschreibung mit "ausgesuchten" Unternehmen zu veranstalten. Im selben Sinne, jedoch noch weit wirkungsvoller, können sich die hinter vielen Großunternehmen stehenden Banken verwenden, wenn sie für den Auftraggeber Kredite gewähren.

3.2.2.3 Gelenkte Preisabsprachen

Neben den wilden Preisabsprachen (inwiefern noch heute gelenkte Preisabsprachen existieren, kann ohne besondere "insider"-Informationen nicht beurteilt werden) gab es gelenkte Preisabsprachen, d.h. Abspracheringe mit Meldestellen.

Sofern Mitglieder eines Abspracheringes an einer Ausschreibung teilnehmen wollen, teilen sie es der Meldestelle mit. Diese versucht alle bei der betreffenden Ausschreibung anbietenden Unternehmen in Erfahrung zu bringen und alle Bieter zu einer Abspracheverhandlung zu bewegen. Gelingt das nicht, so kann nur für die verhandlungsbereiten Bieter eine Abspracheverhandlung durchgeführt werden, oder man läßt die Ausschreibung "frei laufen".

Bei der Abspracheverhandlung geht es in der Regel zunächst um die Ermittlung des sogenannten "Nullpreises", d.h. des Preises, zu dem der Niedrigstbietende des Abspracheringes anbieten soll. Oft dient der Kostenanschlag des Bauherrn als Richtwert, der durch irgendwelche Beziehungen in Erfahrung gebracht werden konnte. In Zeiten ausreichender Vergabevolumine wird meist ein gewinnbringender Preis als Nullpreis festgelegt. Ist dagegen die allgemeine Auftragslage weniger gut und sind mehrere Unternehmen (mit schlechter Kapazitätsauslastung) an dem Auftrag interessiert, so wird der Nullpreis nicht selten an der unteren Grenze der von den einzelnen Unternehmen vorgelegten Selbstkosten festgelegt.

Die Verhandlungen über den Nullpreis und zur Bestimmung des voraussichtlichen Auftragnehmers führen nicht immer zu einer endgültigen Absprache. In solchen Fällen wird die Ausschreibung entweder "frei laufen" gelassen, oder man lost das niedrigstbietende Unternehmen aus.

Um Manipulationen innerhalb des Abspracheringes vorzubeugen, wurden verschiedene Systeme (43) zur Regelung der Ansprüche auf Auftragserhalt entwickelt.

3.2.2.4 Das Unterbieten einer Absprache durch Außenseiter

Ganz gleich ob es sich um wilde oder gelenkte Absprachen handelt, das Auftreten von Außenseitern ist nie auszuschließen. Außenseiter unterbieten entweder den Nullpreis der Absprache, oder aber sie versuchen durch Verhandlungen nach Angebotseröffnung dem Auftraggeber günstigere Konditionen einzuräumen.

Nur selten handelt es sich bei den Außenseitern um Unternehmen, die an einer Absprache teilgenommen haben. Finanzielle und sonstige Repressalien dienen der Absprachedisziplin. Bei gelenkten Absprachen müssen meist finanzielle Mittel (Sichtwechsel, Schecks, Bargeld etc.) hinterlegt werden (44). Im Falle des Unterbietens werden diese Sicherheitsbeträge eingezogen.

Weiterhin gibt es die Möglichkeit von Ehrengerichten bzw. das Einschalten von Hausbanken und Vorlieferanten, die Kredite kündigen oder Lieferungen sperren bzw. nicht termingerecht liefern.

Letztlich sei noch auf das härteste Mittel zur Knebelung von Außenseitern durch Abspracheringe verwiesen, nämlich das ständige Unterbieten des Außenseiters durch Mitglieder des Abspracheringes. Reihum wechseln sich die Mitglieder des Ringes ab, verteilen so die Last eines nicht kostendeckenden Aufrages und nehmen dem Außenseiter jede Chance auf Auftragserhalt.

Bei wilden Absprachen ist es schwierig, sich vor Außenseitern abzuschirmen. Handelt es sich bei den Außenseitern um Unternehmen, die erstmalig bzw. überraschend auf dem betreffenden regionalen oder sachlichen Markt anbieten, so gibt es praktisch kein Mittel gegen sie. Theoretisch ist zwar (bei Mitgliedschaft des Außenseiters in der Wirtschaftsvereinigung der Bauindustrie) die Angebotstätigkeit über die Anfragestatistik der Bauindustrie zu erfahren; jedoch ist es unwahrscheinlich, daß ein Außenseiter sein Angebot vorher ankündigt. Außerdem wird sich ein Außenseiter, auch wenn er als solcher bekannt ist, bei wilden Preisabsprachen nur schwerlich (eventuell gegen irgendwelche Vergünstigungen) von einem auf Auftragserhalt abzielenden Angebot abbringen lassen, da die oben aufgeführten Repressalien in solchen Fällen nur eine zeitlich und räumlich begrenzte Wirkung haben.

Handelt es sich um einen Außenseiter, der einen Aktionsradius hat, der sich nicht mit dem der sich absprechenden Unternehmen deckt, so ist ein systematisches Unterbieten nicht möglich. In solchen Fällen führt nur eine gelenkte Absprache zum Erfolg, da solchen Abspracheringen auch Unternehmen anderer räumlicher und sachlicher Teilmärkte angeschlossen sind, die ein Ausweichen des Außenseiters auf andere Märkte unmöglich machen.

3.2.2.5 Die Störung einer Preisabsprache durch den Auftraggeber

Bei einer Befragung kommunaler Auftraggeber und des Landschaftsverbandes Rheinland konnte kein Fall in Erfahrung gebracht werden, bei dem eine Preisabsprache bewiesen und die Ausschreibung aufgehoben wurde. Andererseits heben aber die Auftraggeber hervor, daß sie bei manchen Ausschreibungen Preisabsprachen zu erkennen glaubten. Die Gefahr, überführt zu werden, ist also für einen Absprachering (45) gering.

Eine Gefährdung einer Preisabsprache durch den Auftraggeber tritt eigentlich nur dann auf, wenn er den Zuschlag nicht an den Niedrigstbietenden erteilen will. Der Fall, daß dem Niedrigstbietenden wegen fehlender Auskömmlichkeit seiner Preise der Zuschlag nicht erteilt wird, ist bei Preisabsprachen nicht zu befürchten. Ist nämlich das Vergabevolumen zeitweise so niedrig, daß durchgehend mit nicht-kostendeckenden Preisen angeboten wird, so kommt auch meist keine Preisabsprache zustande. In solchen Fällen ist außerdem die Gefahr des Auftretens von Außenseitern zu groß.

Bevorzugt der Auftraggeber dagegen aus fachlichen Gründen den zweit- oder drittbilligsten Anbieter, so gibt es bei Absprachen die Möglichkeit, daß sich die anderen Unternehmen gegen einen Auftragserhalt sperren oder aber dem Niedrigstbietenden einen Ausgleich anbieten. Die sich gegen einen Auftragserhalt wehrenden Unternehmen bringen z.B. folgende Argumente vor: Kalkulations- bzw. Rechenfehler, in der Zwischenzeit ausgelastete Kapazitäten, Vorbehalte wegen plötzlich erkannter Unklarheiten im Leistungsverzeichnis, die Notwendigkeit der Hereinnahme von im Augenblick nicht zur Verfügung stehenden Subunternehmen.

Der Ausgleich gegenüber dem Niedrigstbietenden kann in seiner Hereinnahme als Subunternehmer, in einer Geldzahlung oder in einer Auftragsgutschrift im Rahmen des Absprachesystems bestehen.

Ein sehr erfolgreiches Mittel, um als Nicht-Niedrigstbietender nicht für den Auftragserhalt in Frage zu kommen, ist der Einbau von solchen Vorbehalten in das eigene Angebot, die für den Auftraggeber aller Voraussicht nach unannehmbar sind.

Letztlich können Auftraggeber durch Nachverhandlungen versuchen, den einen oder anderen Bieter zu niedrigeren bzw. sonst irgendwie geänderten Angeboten zu bewegen. Solidarität zwischen den Absprechenden wird solche (im übrigen auch der VOB/A § 24 widersprechenden) Verhandlungen meist erfolglos sein lassen.

3.3 Wettbewerbsverzerrende Maßnahmen der Auftraggeber

3.3.1 Unzulässige Nachverhandlungen

Nach Angaben des Ifo-Instituts (46) werden bei etwa 10 % aller ausgeschriebenen Bauobjekte der öffentlichen Hand unzulässige Preisverhandlungen nach dem Eröffnungstermin durchgeführt. Bei ihnen werden z. B. zusätzliche Leistungen bei gleichbleibenden Preisen verlangt oder Änderungen des Entwurfs durchgeführt. Nicht selten werden Positionen aus dem Vertrag herausgenommen. In anderen Fällen wird vom Auftragnehmer verlangt, daß er unabhängig von der Verschiedenartigkeit der angewandten Kalkulationsverfahren, bei bestimmten Positionen den niedrigst angebotenen

Einheitspreis (also den Preis eines anderen Bieters) übernimmt.

"Einige Auftraggeber haben es sich zum Ziel gesetzt, möglichst bei jedem Bauobjekt Preisnachlässe auszuhandeln, ohne Rücksicht auf die jeweilige Preisforderung. Die Herabsetzung des ursprünglich vorgesehenen Preises bietet ihnen eine gewisse Befriedigung und wird zuweilen als Nachweis der besonders sparsamen Haushaltsführung angesehen. Bei mehrmaliger Wiederholung wird jedoch dieses Verhalten wirkungslos, denn Auftraggeber, die wegen ihres gewohnheitsmäßigen Feilschens bekannt sind, erhalten von den Firmen entsprechend höhere Angebote, die dann im Zuge der Preisverhandlungen wieder ermäßigt werden" (47).

3.3.2 Örtliche Präferenzen

Manchmal werden Nachverhandlungen mit Präferenzen verknüpft. Unternehmen, mit denen der Auftraggeber gerne zusammenarbeitet, die aber nicht Niedrigstbietende sind, werden veranlaßt, auf den Preis des Niedrigstbietenden herabzugehen, um dann den Auftrag zu erhalten, oder aber man versucht dem Niedrigstbietenden klar zu machen, daß seine Preise den vorliegenden Anforderungen nicht entsprechen und veranlaßt ihn, sein Angebot zurückzuziehen. Letztlich ist es möglich, durch zusätzliche nicht erfüllbare Anforderungen an den Niedrigstbietenden bzw. mit angeblichen Vergünstigungen von Seiten eines bevorzugten Unternehmens dessen Auftragserhalt zu begründen.

Örtliche Präferenzen scheinen immer wieder aufzutreten. Sie werden durch Bemerkungen (48) wie z.B. "schließlich müssen wir zuerst an unsere eigenen Steuerzahler denken" oder "nehmen wir unsere Hausunternehmen, wir gehen kein Risiko ein" begründet. Diese Präferenzen entspringen entweder der Trägheit der mit der Auftragsvergabe beauftragten Bediensteten, die sich keine VOB/A-gerechte Prüfung der Bieter zutrauen, oder aber ihnen liegen falsche wirtschaftliche Überlegungen zugrunde.

Werden nämlich überall örtliche Präferenzen eingeräumt, so wird dadurch die Grundlage für Oligopole (besonders für Preisabsprachen) gelegt. Der Kreis der Unternehmen, die überhaupt einen Auftrag erhalten können, ist bekannt. Außenseiter haben keine Chance. Die für den Auftragserhalt in Frage kommenden Unternehmen versuchen dann, demjenigen zum Auftrag zu verhelfen, der diesen Auftrag im Augenblick benötigt. Die Folge sind meist überhöhte Preise, da es für den Auftragserhalt bei Präferenzen nicht unbedingt notwendig ist, Niedrigstbietender zu sein. Inwieweit die Preiserhöhungen die kommunalen Steuerrückflüsse übertreffen, wird in solchen Fällen oft nicht bedacht.

Weniger auffällig als die bei der Auftragserteilung erkenntlichen Präferenzen, jedoch genauso wettbewerbsfeindlich, ist die Forderung des Auftraggebers an den Auftragnehmer, örtliche Subunternehmer einzuschalten. Gleiches gilt für die Bevorzugung bestimmter Unternehmen durch die entsprechende Abfassung der Leistungsbeschreibung. Sofern nämlich ausschreibende Behörden mit bestimmten Unternehmen seit längerem zusammenarbeiten, kennen beide Seiten ihre gegenseitigen Vorzüge und Schwächen (siehe Kap. 3.3.4).

3.3.3 Risikoabwälzung auf den Auftragnehmer

Da Bedienstete der öffentlichen Hand wegen der kameralistischen Verwaltung der öffentlichen Mittel nicht nach erwerbswirtschaftlichen Kriterien (z.B. Gewinnsteigerung in der betreffenden Abteilung, Unterschreitung der Budgetvorgabe) beurteilt werden und es daher schwer haben, ihre Leistungen sichtbar zu machen, andererseits ihre Fehler aber sehr schnell offenbar werden können (z.B. durch die Rechnungsprüfungsbehörden), versuchen sie verständlicherweise jedem Risiko aus dem Wege zu gehen.

Tritt während der Bauerstellung irgendeine, im Leistungsverzeichnis nicht enthaltene Situation ein, die zu berechtigten Nachforderungen des Auftragnehmers führt, so stehen die Bediensteten der öffentlichen Hand dem Problem gegenüber, daß die zusätzlichen Ausgaben im vorgegebenen Haushalt nicht enthalten sind. Zusätzliche Ausgaben müssen hieb- und stichfest begründet werden, damit sie einer späteren Prüfung durch die Rechnungsprüfung standhalten, Nachforderungen bedeuten also für den Bediensteten der öffentlichen Hand zusätzliche Arbeit und zusätzliche Risiken.

Um Etatüberschreitungen zu vermeiden, kann man bei der Aufstellung des Leistungsverzeichnisses die Mengenansätze der Positionen zu hoch annehmen, oder aber man führt Scheinpositionen ein. Beide Methoden führen zu Reserven für die spätere Abrechnung. Andererseits kann man Nachverhandlungen durch Abwälzung von Risiken auf den Auftragnehmer aus dem Weg gehen.

In solchen Fällen werden entgegen VOB/A § 9 Bemerkungen in das Leistungsverzeichnis wie folgt eingebaut: "... ist es ohne weiteres möglich, daß eine Verlagerung des Schwerpunktes der Abtrags- und Auftragsmassen eintritt, deswegen wird darauf hingewiesen, daß unter Umständen der Bodenabtrag sowie die Zuliefermassen über die gesamte Erdlosstrecke (10 km, d. Verf.) verteilt werden müssen. ... Mehrforderungen können nicht gestellt werden" (49) oder "... kann Position ... zum Teil oder ganz entfallen, ohne daß der AN daraus irgendwelche Forderungen herleiten kann" (50). Diese beiden und noch weitere gleichartige Risikoüberlagerungen waren in einem einzigen Leistungsverzeichnis zu finden.

Durch solche Leistungsverzeichnisse wird dem einzelnen wettbewerbsorientierten Unternehmen ein unzumutbares Risiko auferlegt. Kalkuliert es derartig, daß es von der Realisierung der Risiken ausgeht, so kommt es für den Auftragserhalt nicht in Frage, da im Normalfall ein oder mehrere Unternehmen von einem geringeren Risikoeintritt ausgehen. Nimmt das Unternehmen jedoch an, daß nur sehr wenige oder keine Risiken eintreten werden, so wird es bei Auftragserhalt und Risikoeintritt wegen seiner niedrigen Preise Verluste erleiden.

3.3.4 Das Zusammenspiel zwischen Präferenzen und Risikoabwälzung

Existieren Präferenzen, so sind die obigen Manipulationen der Leistungsverzeichnisse ein einfaches Mittel zur Steuerung des Auftragserhalts. Bevorzugte Unternehmen können nämlich Scheinpositionen, Massenübersetzungen oder unechte Risiken durch ihre Verbindungen erfahren.

Solche Hausunternehmen "befinden sich damit allen anderen Bewerbern gegenüber im Vorteil, können sie doch ihre Angebotssumme durch besondere Preiswürdigkeit bei den "wegfallenden" Leistungen und - in Kenntnis der Massenübersetzungen - durch Planung einer billigeren Baustelleneinrichtung und Gerätevorhaltung günstig beeinflussen" (51).

Aber auch, wenn nicht bewußt bestimmte Unternehmen bevorzugt werden, kann bei der Aufstellung der Leistungsbeschreibung eine Bevorzugung bestimmter Unternehmen eintreten.

"Einige erfahrene und ortskundige Unternehmer entwickeln im Umgang mit ihren Auftraggebern und in der Ergründung ihrer Bauabsichten eine nachtwandlerische Sicherheit, die für beide Seiten nützlich sein kann. Für auswärtige Firmen ergeben sich aber aus dem gekürzten Verfahren (wenig ausführliche Leistungsbeschreibung, d. Verf.) erhebliche Nachteile, da sie - ungeachtet ihrer Leistungsfähigkeit - nicht die örtlichen Kenntnisse besitzen und über die Gepflogenheiten des Auftraggebers nicht so gut unterrichtet sind wie die ortsansässigen Konkurrenten. Das bedeutet eine spürbare Behinderung des Wettbewerbs, zum Nachteil der auswärtigen Unternehmer und vor allem zum Nachteil des Auftraggebers, auch wenn dieser mit der bequemen Zusammenarbeit im beschränkten Firmenkreis zufrieden sein mag und nicht bemerkt, welche Möglichkeiten der Kostenersparnis ihm entgehen" (52).

Die bewußt oder unbewußt bevorzugten Unternehmen können also ihre Positionspreise derartig manipulieren, daß eines von ihnen mit großer Wahrscheinlichkeit Niedrigstbietender ist und den Auftrag erhält. Dem öffentlichen Auftraggeber, der gerne mit einem der Hausunternehmen zusammenarbeitet, bleibt es dadurch erspart, eine Begründung dafür anzufertigen, warum nicht der Niedrigstbietende den Auftrag erhält.

Um dem Auftraggeber einen Wettbewerb vorzutäuschen bzw. um ihm ein Alibi für Aufsichtsbehörden zu geben, werden bei anbieterseitigen Marktaufteilungen oder bei auftragsgeberseitigen Präferenzen fremde Unternehmen aufgefordert, Gefälligkeitsangebote abzugeben. Als Ausgleich gibt man in deren Auftragsgebiet selbst Gefälligkeitsangebote ab.

3.3.5 Die preistreibende Wirkung von nicht einwandfreien Leistungsverzeichnissen

Werden nicht einwandfreie Leistungsverzeichnisse von Auftraggebern angefertigt, die keine Präferenzen einräumen, so schützen sich manche Unternehmen gegen die ihnen aufgelasteten Risiken durch Preisabsprachen. Sie heben das Preisniveau so hoch, daß auch bei Eintritt einer Vielzahl von Risiken keine Verluste für den Auftragnehmer eintreten. Die vom Auftraggeber bei Abfassung der Leistungsbeschreibung beabsichtigte Kosten- und Risikoabwälzung erweist sich in solchen Fällen als preistreibend.

Die meisten öffentlichen Auftraggeber verteidigen ihre VOB/A widersprechenden Leistungsverzeichnisse mit dem Hinweis auf ihren Personalmangel. Sie führen außerdem in ihren Ausschreibungsunterlagen meist auf, daß bei Unklarheiten bei der ausschreibenden Stelle vorgesprochen werden soll. Nicht selten wird außerdem erwartet, daß von den Bietern erhebliche Vorermittlungen (z.B. Bodenuntersuchungen) durchgeführt werden, damit überhaupt kalkuliert werden kann.

Die Auftraggeber bedenken dabei jedoch nicht, daß letztlich alle Kosten wieder auf sie zurückkommen. Dies gilt auch für Fälle, bei denen die Preise nicht abgesprochen werden.

Bei durchschnittlich 10 Bietern (siehe Abb. 22) pro Submission, kann man wenigstens für die Bieter, die kein Gefälligkeitsangebot abgeben, annehmen, daß sie am Auftragserhalt interessiert sind. Gehen wir davon aus, daß Gefälligkeitsangebote wenigstens 20 % teurer sind als das Niedrigstgebot, so sind nach Abb. 22 im Mittel etwa 5 Bieter am Auftragserhalt interessiert. Die Kosten für die Vorermittlungen fallen wenigstens für diese Bieter an. Sie entstehen also fünfmal. Da die Unternehmen jedoch nicht bereit sein werden, auf eine Überwälzung ihrer Kosten auf ihre Auftraggeber zu verzichten, trägt die Gesamtheit der Auftraggeberschaft wegen der Überwälzung der Kosten der erfolglosen Angebote auf die erfolgreichen Angebote mehrfach so hohe Kosten, als wenn die Vorermittlungen vom jeweiligen Auftraggeber durchgeführt würden.

Im Einzelfall können sich zwar für irgendeinen Auftraggeber aus der Übertragung der Vorermittlungen an die Bieter Zeit-, Personal- und/oder Kostenersparnisse ergeben; im Normalfall führen Übertragungen der Vorermittlungen auf die Bieter (bei der Annahme von mehreren ernsthaften Angeboten pro Auftragserhalt) jedoch zu Angebotspreisen, die um das Mehrfache über den Kosten der Vorermittlungen liegen.

3.4 Monopolistische Verhaltensweisen der Auftraggeber

Ein ordnungsgemäßes Leistungsverzeichnis soll im Sinne der funktionellen Homogenität so formuliert sein, daß Annahmen auf ein Minimum beschränkt werden und daß alle Bieter die Leistungsbeschreibung im gleichen Sinne verstehen (siehe VOB/A § 9 Ziffer 1). Je mehr Risiken den Auftragnehmern aufgelastet werden, je mangelhafter eine Leistungsbeschreibung ist, um so mehr Annahmen müssen getroffen werden.

Da die Annahmen der einzelnen Kalkulatoren und Unternehmen nicht gleich sein werden, sind unterschiedliche Vorausschätzungen des Produktionsfaktorenbedarfs bzw. unterschiedliche Beurteilungen der Risiken die Folge. Hieraus resultieren ungleich hohe Kostenschätzungen und Preise, was zu ungleichen Wettbewerbschancen führt.

Außerdem führen unterschiedliche Kalkulationsverfahren auch zu unterschiedlich hohen Einheitskosten, obwohl die Angebotssumme bei allen Verfahren die gleiche ist (53). Die Auswirkung von falschen Massenangaben auf den Wettbewerb ist also augenscheinlich, da bei zu hohen Massenangaben für eine Position derjenige Bieter bevorzugt ist, der auf Grund seines Kalkulationsverfahrens niedrige Einheitskosten und -preise berechnet hat (siehe auch Kap. 4.3.3).

Wenn nun Bauherren, weil sie die Gründe für die Preisunterschiede nicht kennen bzw. nicht einsehen wollen, durch Nachverhandlungen versuchen, Positionspreise oder Angebotssumme zu verändern, so liegt ein monopolistisches Verhalten vor. Bauunternehmen, die nicht kartellartig zusammengeschlossen sind und die einen Auftrag dringend benötigen, stehen in solchen Fällen einem für sie unausweichbaren Druck zur Preissenkung gegenüber. Nicht selten wird bei solchen Verhandlungen mit zukünftigen Bauobjekten gelockt oder gedroht (Begrenzung des Anbieterkreises durch beschränkte Ausschreibung; Anschlußaufträge mit freihändiger Vergabe).

Monopolistisches Verhalten der Auftraggeber tritt auch in den Vertragsbedingungen auf. Sofern das einzelne Unternehmen keinem Kartell angehört oder sich nicht zu einer Dienstaufsichtsbeschwerde entschließt, ist es im Normalfall zur Annahme der Vertragsbedingungen gezwungen, da ein Vorbehalt des Bieters im Normalfall zu seinem Ausschluß aus dem Wettbewerb führt. Liegt dagegen ein Kartell vor, in dem alle Unternehmen die gleichen Vorbehalte geltend machen, so wird sich der Bauherr nicht so leicht zur Aufhebung der Ausschreibung entschließen. Immerhin würde der übergeordneten Dienststelle durch die Begründung der Aufhebung ersichtlich, daß die Ausschreibung nicht den Dienstvorschriften entspricht.

4. Maßnahmen zur Verbesserung des Wettbewerbs und zur Realisierung eines reinen Preiswettbewerbs

4.1 Das Problem der angemessenen und auskömmlichen Preise

Die Vergabevorschriften verlangen für jedes neue Bauobjekt auch eine eigene Ausschreibung und eine Beurteilung der abgegebenen Angebote, die sich nur nach den Gegebenheiten des jeweiligen Bauobjektes richten soll. Die Ermittlung des dem Auftraggeber angemessen erscheinenden Preises und die Auswahl des Auftragnehmers ist also getrennt für jede Ausschreibung durchzuführen.

Die Unternehmen sehen in der Forderung nach angemessenen und auskömmlichen Preisen meist eine Schutzklausel für sich. Nach Daub (54) läßt die geschichtliche Entwicklung "jedoch eine ganz andere und ordnungspolitisch zwingende Deutung erkennen; sie hat davon auszugehen, daß die Verdingungsordnung (im Teil VOB/A, d. Verf.) eine Weisung an die Vergabebehörden und ihre Bediensteten ist, die ihre Verantwortung ... sehr begrenzt auffaßten und sich eng, ja geradezu ängstlich an die Regel hielten, dem Mindestfordernden den Zuschlag zu erteilen".

Hieraus folgt, daß VOB/A § 2 "nur meinen kann, daß der Vergabepreis in erster Linie für den Auftraggeber "angemessen" sein soll, d.h. für ihn in einem wirtschaftlich vernünftigen Verhältnis der zu vergebenden Leistung steht ... Der Auftraggeber muß sich jedoch in seinem eigenen Interesse vergewissern, ob der Bieter mit seinem Angebotspreis "auskommen" kann, um die zu vergebende Leistung einwandfrei auszuführen (weil andernfalls wieder die wirtschaftliche Verwendung der Haushaltsmittel gefährdet wäre)" (55).

Die Angemessenheit eines Preises nach VOB/A § 2 läßt sich nur vom Markt her beurteilen (56). Der Auftraggeber muß deshalb an Hand ihm bekannter, marktüblicher Preise prüfen, ob die vorliegende Angebotssumme für die ausgeschriebene Leistung angemessen ist. Preisschwankungen durch Wettbewerbseinflüsse sind unbedingt in die Preisuntersuchungen einzubeziehen.

Überschreitet die niedrigste Angebotssumme den üblichen Marktpreis erheblich, ist zu prüfen, ob der Preisunterschied eine

Aufhebung der Ausschreibung rechtfertigt. Der Preisunterschied ist den durch Zeitverlust und Neuausschreibung (bzw. freihändige Vergabe) entstehenden Kosten gegenüberzustellen. Wird die preisrechtliche Obergrenze durch die niedrigste Angebotssumme überschritten, so ist die Ausschreibung auf jeden Fall aufzuheben.

Unterschreitet die Angebotssumme dagegen die marktüblichen Preise, so ist grundsätzlich nichts dagegen einzuwenden, jedoch ist hier die Bedingung der Auskömmlichkeit der Preise zu beachten. Sie entstand aus der Erfahrung, daß manche Bieter nicht in der Lage sind, die geforderten Leistungen zu dem von ihnen angegebenen Preis ordnungsgemäß zu erstellen. Als Gründe hierfür seien genannt: mangelnde Erfahrung der Auftragnehmer bezüglich der ausgeschriebenen Leistung, eine schlecht organisierte oder fehlende Kostenrechnung, Unerfahrenheit in wirtschaftlicher Hinsicht, Leichtsinn, eine schlechte Leistungsbeschreibung und Manipulationen beider Marktseiten.

Da sich aber inzwischen die Grundlágen und Methoden der Vorkalkulation verbessert haben und schon Standardleistungsbücher vorliegen, muß bei ordnurgsgemäßer Leistungsbeschreibung ein strengerer Maßstab an die unternehmerische Verantwortung für den eigenen Angebotspreis angelegt werden. Es kann nicht die Aufgabe öffentlicher Auftraggeber sein, den Bauunternehmen auskömmliche Preise zu garantieren.

4.2 Preismanipulationen der Bieter und Maßnahmen zu ihrer Bekämpfung

Unternehmen, die unbedingt einen Auftrag erhalten wollen, versuchen Niedrigstbietender zu sein. Sie bieten bewußt sehr niedrig und manchmal sogar nicht kostendeckend an; einige von ihnen versuchen später jedoch durch irgendwelche Manipulationen den Baustellenerfolg zu verbessern.

4.2.1 Die Nachtragsforderungen

4.2.1.1 Unzulässige Praktiken bei Nachtragsforderungen

Das bekannteste Mittel zur nachträglichen Verbesserung des Baustellenerfolges sind Nachtragsforderungen. Bei jedem Bauobjekt, auch wenn seine Planung und Ausschreibung hervorragend ist, fallen während der Bauzeit Änderungen qualitativer und quantitativer Art gegenüber den Ausschreibungsunterlagen an. VOB/B § 2 schreibt für solche Fälle vor, daß die Preisregulierung vor Ausführung der geänderten oder zusätzlichen Leistungen abgeschlossen sein soll.

Bestimmte Unternehmen benutzen nun nach Auftragserteilung jede sich bietende Möglichkeit zur Unterbreitung von Nachtragsforderungen. Minimale, unbedeutende Änderungen gegenüber den Angebotsunterlagen oder sogar deren bewußte Fehlinterpretation werden hierfür herangezogen. Beispielsweise werden Nebenleistungen zu zusätzlichen Leistungen deklariert oder schlechte Witterungsverhältnisse, die jedoch nicht von den mittleren Verhältnissen der betreffenden Jahreszeit abweichen, als besondere Erschwernisse bezeichnet.

Als Druckmittel benutzen die Auftragnehmer in solchen Fällen sehr häufig die Androhung der Stillegung der Baustelle oder die Forderung nach Stillstandskosten. Sie begründen dies damit, daß sie gemäß VOB/B § 2 nicht verpflichtet sind, eine Leistung durchzuführen, deren Vergütung nicht geklärt ist.

Wenn der Auftraggeber unter Zeitdruck steht, hat der Auftragnehmer in dieser Situation oft die Stellung eines Monopolisten. Jede Maßnahme des Auftraggebers, die dann nicht Eingehen auf diese Forderung bedeutet, kann zu Terminverzögerungen führen.

Gerade Auftraggeber, die selten Aufträge vergeben und somit wenig Marktmacht haben, oder aber deren Schwäche gegenüber Forderungen der Auftragnehmer (z.B. aus Personalmangel oder wegen unzureichender Personalqualität) bekannt ist, stehen sehr häufig solchen Pressionen gegenüber. Solche Auftraggeber verzichten deshalb häufig bei überhöhten und ungerechtfertigten Nachtragsforderungen, zur Vermeidung von Komplikationen, auf die Einhaltung des Vertrages. Aber auch bei weniger schwachen Auftraggebern versuchen bestimmte Unternehmen eine Vielzahl von Nachträgen einzureichen, um wenigstens einen Teil von ihnen bewilligt zu bekommen.

Eine andere Methode zur Durchsetzung von Nachträgen besteht darin, entgegen VOB/B die entsprechenden Nachtragsangebote erst nach Durchführung der Leistung einzureichen, wenn die Leistung als solche und ihr Leistungsumfang nur annähernd oder gar nicht mehr überprüft werden kann. Der späte Termin wird meist durch Arbeitsüberlastung entschuldigt. Mit Zeugenaussagen und Gutachten, teilweise sogar mit rechtswidrigen Beeinflussungen, wird dann die Berechtigung der Nachträge begründet. Die obige Methode wird besonders dann gewählt, wenn bei frühzeitigem Anmelden der Nachträge diese durch andere Maßnahmen hätten vermieden oder billiger durchgeführt werden können.

4.2.1.2 Möglichkeiten zur Einschränkung unberechtigter Nachtragsforderungen

Die beste Waffe gegen unberechtigte Nachforderungen ist ein ordnungsgemäßes Leistungsverzeichnis, das die vereinbarten Leistungen präzise beschreibt. Hierdurch werden unterschiedliche Interpretationsmöglichkeiten vermieden. Eine zusätzliche Hilfe ist eine qualifizierte Bauleitung, die die Leistungserstellung durch tägliche Baustellenbegehungen kontinuierlich verfolgt und kontrolliert. In einem solchen Fall ist die Wahrscheinlichkeit unberechtigter Nachträge erheblich geringer als bei einer schwachen Bauleitung, die nur selten auf der Baustelle anzutreffen ist.

Eine Vereinheitlichung der "Ausschreibungsterminologie" durch Standardleistungsbücher kann von großer Hilfe sein, da diese gemeinsam von Auftraggeber- und Auftragnehmerinstitutionen entwickelt werden. Standardleistungsbücher bezwecken eine Homogenisierung der Leistungsbeschreibungen und der Leistungen als solche. Die Praxis von Vergabe und Bauausführung, sowie gutachterliche und gerichtliche Stellungnahmen unterstützen diesen Prozeß der Homogenisierung und sorgen dafür, daß mehrdeutige und mängelbehaftete Standardbeschreibungen ausgemerzt werden.

In den USA wird bei der offenen Ausschreibung mit Bieterlisten gearbeitet, in die alle Unternehmen aufgenommen werden müssen, die alle notwendigen Bedingungen finanzieller und fachlicher Art erfüllen. Solche Bieterlisten ersparen den Auftraggebern die sich immer wieder bei jeder Vergabe neu ergebende Notwendigkeit der Überprüfung der Qualifikation und Zuverlässigkeit der Anbieter und führen den Wettbewerb auf einen reinen Preiswettbewerb zurück, sofern eine ordnungsgemäße Leistungsbeschreibung vorliegt und keine Alternativen eingereicht werden.

Solche Bieterlisten bergen jedoch die Gefahr von Diskriminierungen in sich. Man bedenke nur, wie unterschiedlich die einzelnen Behörden und deren Bediensteten Berechtigung und Häufigkeit von Nachträgen ansehen und prüfen. Als krassester Fall sei herausgestellt, daß bestimmte Bedienstete aus Schwäche, persönlichem Wohlwollen oder aus Gründen, die bis zur unzulässigen Beeinflussung gehen, Nachträge nur selten ablehnen. Dies kann so weit gehen, daß Unternehmen, die nicht zu irgendwelchen Gegenleistungen gegenüber den entsprechenden Bediensteten bereit sind, mit der Eliminierung aus der Bieterliste gedroht wird.

Andererseits besteht die Gefahr, daß Bedienstete es für ihre Pflicht halten, möglichst alle Nachträge abzulehnen, um Ausgaben zu sparen und um ihre Leistungsfähigkeit zu beweisen.

Zusätzlich würde sich die Frage erheben, ob jeder Auftraggeber eigene Bieterlisten (wie in den USA) führen sollte, oder ob eine Liste für alle öffentlichen Auftraggeber geführt werden sollte. Im ersten Falle drohte die Gefahr von Präferenzen. Die individuellen Listen wären ein einfaches Mittel, um Unternehmen, die hart, aber fair ihr Recht vertreten, aus dem Wettbewerb auszuschließen. Als Beispiel hierfür sei angenommen, daß von der betreffenden Behörde schlechte Leistungsverzeichnisse angefertigt werden, die viele, an sich berechtigte Nachträge zu Folge haben. Bieterlisten bilden dann ein einfaches Mittel, nur solchen Unternehmen Aufträge zu erteilen, die der Behörde und ihren Bediensteten wenig Unannehmlichkeiten bereiten (meist wird auftraggeberseitig ein überhöhtes Preisniveau bei den Angeboten als Ausgleich für das Wohlverhalten hingenommen).

Im zweiten Fall, also bei einer einzigen Bieterliste, treten Schwierigkeiten auf, wenn ein und dasselbe Unternehmen von einem Auftraggeber als fachlich qualifiziert und zuverlässig, vom anderen aus irgendwelchen Gründen als abzulehnender Partner angesehen wird. Eine einheitliche Beurteilung ließe sich deshalb nur von einer (im Augenblick noch nicht existierenden) Zentralstelle durchführen und dürfte nicht zu stark von den einzelnen Auftraggebern beeinflußt werden.

4.2.1.3 Die Preisliste für die zusätzliche Bereitstellung von Produktionsfaktoren

Wenn Nachträge berechtigt sind und vom Auftraggeber als sachlich richtig anerkannt werden, ergeben sich bei Festlegung der Höhe der Nachtragsforderungen normalerweise erhebliche Differenzen zwischen den beiden Vertragspartnern. Die Verhandlungen über die Nachtragsforderungen ziehen sich manchmal endlos in die Länge. Eine Preisvereinbarung vor Ausführung der Leistung ist dann nicht mehr möglich, da Baustellenstillstände sonst die Folge wären.

Zur Verbesserung dieser Situation wäre es sinnvoll, wenn die Auftragnehmer veranlaßt würden, ihre Urkalkulation beim Auftraggeber oder bei einem Notar verschlossen zu hinterlegen. Die

Kalkulation sollte so aufgebaut sein, daß für jede Position ein neues Blatt begonnen wird. Treten Nachträge auf, denen eine oder mehrere ähnliche Positionen in der Kalkulation gegenüberstehen, so können die Seiten der entsprechenden Positionen der Urkalkulation entnommen werden und zur Bestimmung der Nachtragsforderungen herangezogen werden. Die Kalkulationsunterlagen der anderen Positionen sind wieder einzuschließen.

Die Abgabe der Urkalkulation darf jedoch nicht zur Pflicht gemacht werden, da es nach dem BGH-Urteil vom 15.7.1966 - KVR 3/65 den Unternehmen freisteht, auf eine Kalkulation zu verzichten. Sofern also Unternehmen keine Urkalkulation abgeben, sollte davon ausgegangen werden, daß keine Kalkulation angefertigt wurde.

In solchen Fällen kann bei Nachträgen für die Erfassung des technischen Mengengerüstes (= Produktionsfaktorenbedarf) von Leistungswerten ausgegangen werden, die in Standardwerken (57) aufgeführt sind.

Zusätzlich könnten Schiedsstellen schon bei Vertragsabschluß benannt werden, die bei fehlender Übereinstimmung zwischen den Vertragspartnern die letzte Entscheidung (außerhalb der staatlichen Rechtssprechung) über das technische Mengengerüst fällen.

Die preisliche Bewertung des Produktionsfaktoreneinsatzes sollte an Hand der Angebotsunterlagen durchgeführt werden. Hierzu ist der Leistungsbeschreibung eine Liste beizufügen, in die die Preise für die Bereitstellung der wichtigsten Produktionsfaktoren einzutragen sind. Damit nun die Unternehmen beispielsweise nicht Geräte angeben, die sie später nicht auf der Baustelle einsetzen, sind vom Auftraggeber Gerätearten, Arbeitskräftekategorien und Materialarten vorzugeben. Die Bieter haben dann bei Angebotsabgabe anzugeben, welchen Preis sie für die zusätzliche Bereitstellung der jeweiligen Produktionsfaktoren (über den Umfang der Leistungsbeschreibung hinaus) verlangen.

Werden andere Produktionsfaktoren als die vorgegebenen eingesetzt, so ist deren Preis an denen der vorgegebenen Produktionsfaktoren auszurichten. Bei Geräten kann der Preis pro Gerätestunde oder Monat zu dem in der Baugeräteliste angegebenen Preis in Beziehung gesetzt werden und der Preis eines nicht vorgegebenen aber später eingesetzten Gerätes aus einer Proportionalisierung zu dessen Preis in der Baugeräteliste errechnet werden. Bei Arbeitskräften können die Tariflöhne als Basis für eine Umrechnung dienen, bei Stoffen können Listenpreise (vorher zu vereinbarender Lieferanten) herangezogen werden.

Fragt man jedoch nur nach dem Preis pro Produktionsfaktoreneinsatz, so besteht die Gefahr, daß überhöhte Preise angegeben werden. Aus diesem Grunde muß der zusätzliche Produktionsfaktoreneinsatz mengenmäßig (wie bei einer Position) vorgegeben werden, damit er (bewertet mit den zugehörigen Preisen) zu einem Bestandteil der Angebotssumme wird.

Die Bestimmung der Vordersätze für den zusätzlichen Produktionsfaktoreneinsatz kann wie folgt durchgeführt werden.

An Hand früherer Bauobjekte gleicher oder ähnlicher Art kann das Verhältnis zwischen Preisumfang der Nachträge und den nach den Positionspreisen des Leistungsverzeichnisses abgerechneten Leistungen festgestellt werden. Obwohl die einzelnen Bauobjekte unterschiedlich große Relationen zwischen Nachtrags- und Angebotssumme haben können, wird es ausreichen, an Hand des Mittelwertes der Relationen den finanziellen Umfang der Nachträge zu veranschlagen.

Mengenänderungen von mehr als ± 10 % sind dann unproblematisch. Die Preise für die eventuell zusätzlich erforderlichen Produktionsfaktoren ergeben sich aus den Grenzkosten für die Bereitstellung einer weiteren Produktionsfaktoreneinheit und den zugehörigen Zuschlägen. Preismanipulationen der Bieter sind deswegen ausgeschlossen, weil bei überhöhten (die Grenzkosten überschreitenden) Preisen für die Bereitstellung zusätzlicher Produktionsfaktoren ihre Angebotssumme zu hoch und der Auftragserhalt unwahrscheinlich wird. Werden dagegen die Produktionsfaktorenpreise zu niedrig angenommen, so führt eine später notwendige Bereitstellung der Produktionsfaktoren zu Verlusten.

Zeitabhängige Kosten (z.B. Vorhalten der Baustelleneinrichtung) sind über eine getrennte Position abzurechnen. Dadurch ist es möglich, bei Bauzeitverlängerungen, die der Auftragnehmer nicht zu verantworten hat, die zusätzlichen zeitabhängigen Kosten und die sich daraus ergebenden Vergütungsansprüche aus der obigen Position "zeitabhängige Kosten" zu entwickeln.

Die Aufteilung des voraussichtlichen Umfanges der Nachtragsforderungen auf Geräte, Arbeitskräfte und Stoffe kann ebenfalls mit Hilfe von Erfahrungswerten durchgeführt werden.

Gibt man sich dann pro Produktionsfaktorenart bestimmte Geräte, Arbeitskräfte oder Stoffe vor, so kann man aus den Gesamtkosten pro Produktionsfaktorenart und den Preisen der Geräteliste, den Löhnen der Tarifabkommen und den Preisen von Lieferanten ein Mengengerüst für den zu erwartenden Bedarf an zusätzlichem Produktionsfaktoreneinsatz entwickeln.

Bei diesen Schätzungen des Mengengerüstes für die Produktionsfaktoren ist eine Übereinstimmung mit den später eintretenden Mengen für den einzelnen Produktionsfaktor gar nicht wichtig. Die Preise für die Bereitstellung der einzelnen Produktionsfaktoren sind nur Richtwerte, mit deren Hilfe über eine Proportionalisierung auch andere, nicht vorgegebene Produktionsfaktoren abgerechnet werden.

4.2.2 Bewußt mängelbehaftete Leistungserstellung

Eine Bauleitung, die ihrer Aufgabe gewachsen ist, kann (eine ordnungsgemäße Leistungsbeschreibung vorausgesetzt) frühzeitig in den Fertigungsprozeß eingreifen, wenn mängelbehaftete Leistungen erstellt werden. Im Augenblick ist es jedoch noch häufig so, daß geeignetes Fachpersonal für die Erstellung von Leistungsverzeichnissen und für die Bauleitung fehlt.

Manche Unternehmen nützen diese Notsituation aus, unterschreiten bei der Leistungserstellung den vorgeschriebenen Leistungsstandard und hoffen, daß nur ein Teil der Minderleistungen entdeckt wird. Außerdem wird nicht selten damit gerechnet, daß das Bauleitungspersonal des Auftraggebers des ständigen Streitens überdrüssig wird und deshalb Minderleistungen (und Nachtragsforderungen) durchgehen läßt. Besonders bei solchen Minderleistungen, die an versteckten Stellen auftreten oder in naher Zukunft keine negativen Folgen haben werden, prüft die Bauleitung manchmal weniger streng bzw. besteht weniger hart auf Nachbesserungen, da übergeordnete Stellen und Aufsichtsbehörden das Bauobjekt meist nur begehen und keine genauen Prüfungen (abgesehen von Stichproben) durchführen.

Für die Unternehmen sind Minderleistungen, die nicht aufgedeckt werden, attraktiver als Nachforderungen, da sie nicht begründet zu werden brauchen.

Außerdem nehmen Unternehmen manchmal Termine an, von denen sie wissen, daß sie sie nie oder nur bei optimalen Bedingungen einhalten können. Nachdem der Vertrag abgeschlossen ist, versuchen sie dann mit Hilfe von Hinweisen auf Leistungsänderungen, Störungen durch vor- und nachlaufende Unternehmen, Witterungseinflüsse etc. ihre Terminüberschreitungen zu begründen.

Steht der Auftraggeber unter Zeitdruck, so läßt er sich in solchen Fällen teilweise auf irgendwelche Zugeständnisse ein, damit seine Terminplanung nicht umgeworfen wird.

Hat der Auftragnehmer keine Nachläufer mehr, ist also seine Bauzeit allein entscheidend für eine termingerechte Fertigstellung, so werden ihm z.B. finanzielle Zugeständnisse gemacht, damit er mit Hilfe von Überstunden und zusätzlichen Kapazitäten (über den vertraglichen Rahmen hinaus) die Leistung termingerecht erbringt.

Eine andere Möglichkeit des Entgegenkommens der Auftraggeber besteht in der Zusage, daß solche Arbeitsleistungen, die für eine termingerechte Übernahme nicht unbedingt erforderlich sind, noch nach dem offiziellen Fertigstellungstermin abgeschlossen werden dürfen.

Hat ein Auftragnehmer noch Nachläufer, so versuchen die Auftraggeber mit Hilfe von terminlichen Verflechtungen der Vor- und Nachlaufarbeiten den Termin einzuhalten. Trotz dieser Verflechtungen oder gerade deswegen treten jedoch häufig gegenseitige Behinderungen auf, so daß die Unternehmen trotz des Entgegenkommens des Auftraggebers darin Gründe sehen, Nachforderungen einzureichen.

Mängelbehaftete Leistungserstellungen und Terminverlängerungen können ein Ausgleich für niedrige Preise eines Unternehmens sein. In solchen Fällen geht ein Unternehmen bei der Preisfestlegung für sein Angebot nicht von dem geforderten Leistungsstandard aus, sondern davon, wie sehr es diesen Standard bei der Leistungserstellung senken kann, ohne daß dies in allzu starkem Ausmaße auffällt und Erlösausfälle bzw. Nachbesserungen zur Folge hat. Andererseits läßt sich jedoch beobachten, daß Unternehmen auch dann, wenn sie "gute" Preise vereinbart haben, mängelbehaftete Leistungen erstellen oder Sicherheitsvorschriften übergehen. Manche Unternehmen gehen sogar grundsätzlich davon aus, daß der geforderte Leistungsstandard (z.B. die maximale Schütthöhe bei Verdichtungen) überhöht ist und unterschreiten ihn soweit wie möglich.

Handelt es sich um kleine kommunale Auftraggeber, so wissen die Auftragnehmer, daß jene ein kleines Vergabevolumen haben, daß sie also unabhängig von der Qualität ihrer augenblicklichen Leistungserstellung sobald keinen Auftrag von ihrem jetzigen Auftraggeber erwarten können.

Bei großen Kommunen oder bei überörtlichen Behörden, die ein großes Vergabevolumen haben, gehen Unternehmen, die mängelbehaftete Leistungen erbringen, von der Überlegung aus, daß diese zumeist an den Niedrigstbietenden vergeben werden. Fällt das Unternehmen bei einem bestimmten Bauobjekt des betreffenden Auftraggebers wegen schlechter Leistungserstellung erheblich auf, so wird auf die Baustellenumstände (z.B. auf einen neu eingestellten Bauführer) hingewiesen. Ist das Unternehmen bei einer neuen Ausschreibung wieder Niedrigstbietender, so wird es dem Auftraggeber schwerfallen, dem Unternehmen wegen des einen Bauobjektes die technische Qualifikation abzustreiten und ihm die Auftragserteilung zu verweigern, wenn das Unternehmen genügend sonstige Referenzen beibringen kann. Gegebenenfalls hält das Unternehmen sich bei den folgenden Ausschreibungen des betreffenden Auftraggebers zurück oder aber es erstellt bei einem neuen Auftragserhalt eine ordnungsgemäße Leistung.

4.2.3 Differenzen zwischen Gesamtpreis und Angebotssumme

Nach der Eröffnung der Angebote werden diese nach der Höhe ihrer Preise geordnet. Die endgültige Rangfolge kann jedoch erst nach einer rechnerischen Prüfung der Angebote erfolgen. Bei dieser Prüfung geht man von den Einheitspreisen der Positionen aus, multipliziert diese mit den Massenangaben und addiert diese Produkte zum Gesamtpreis auf. Ergibt sich eine Differenz zwischen der vom Unternehmen angegebenen Angebotssumme (58) und dem Gesamtpreis, so sollte das Angebot für eine Zuschlagserteilung nicht in Frage kommen.

Diese harte Regelung ist zu treffen, da zwei Fälle wettbewerbsverzerrender Preismanipulationen beobachtet werden können:

a) Angebotssumme > Gesamtpreis
b) Angebotssumme < Gesamtpreis.

4.2.3.1 Angebotssumme > Gesamtpreis

Nehmen wir an, ein Unternehmen ist nicht Niedrigstbietender, möchte aber gerne Auftragnehmer werden. Hat es eine hohe Angebotssumme angegeben, andererseits aber seine Einheitspreise so formuliert, daß sich daraus ein niedrigerer Gesamtpreis ergibt, so hat dieses Unternehmen bei Nichtausschluß aus dem Wettbewerb einen Wettbewerbsvorteil. Es kann nämlich diese Differenz bewußt eingerechnet haben, um die Marktlage zu erkunden.

Das Unternehmen bietet in einem solchen Falle mit seiner Angebotssumme recht hoch an, um dann gegebenenfalls mit Hilfe seiner Einheitspreise seine Angebotssumme zu senken.

Wäre das Unternehmen mit seiner Angebotssumme Niedrigstbietender gewesen, so hätte es behaupten können, daß bei der Ermittlung der Einheitspreise einer oder mehrerer Positionen Rechenfehler unterlaufen seien. Mit Hilfe eines Preisspiegels (59) sollten sich stets Positionen finden lassen, bei denen es einleuchtend erscheint, daß der Einheitspreis nur durch einen Rechenfehler entstanden ist. Noch einfacher ist die Beweisführung dann, wenn bewußt ein Rechenfehler eingebaut wird (z.B. das Einsetzen eines Einheitspreises, der um eine Zehnerpotenz zu niedrig erscheint; Kommafehler), dessen Korrektur jedoch wiederum zur bekanntgegebenen Angebotssumme führt.

4.2.3.2 Angebotssumme < Gesamtpreis

Im Falle, daß der Angebotspreis niedriger ist als der Gesamtpreis, kann das betreffende Unternehmen bewußt darauf hinzielen, Niedrigstbietender zu sein. Sofern sein Abstand zum zweitniedrigsten Bieter recht knapp ist, behauptet es, daß in irgendeiner oder in mehreren Positionen Rechenfehler unterlaufen seien. Es korrigiert also die betreffenden Einheitspreise und bleibt Niedrigstbietender.

Ist dagegen der Abstand zum zweitbilligsten Bieter groß, so kann eventuell an Hand der Einheitspreise nachgewiesen werden, daß die Angebotssumme zu niedrig und falsch ist. Das Unternehmen versucht also seine Angebotssumme so weit wie möglich zu heben, solange diese noch unterhalb der Angebotssumme des zweitbilligsten Bieters bleibt.

Hat das Unternehmen jedoch inzwischen Aufträge erhalten, die seine Produktionskapazität auslasten, ist es also gar nicht mehr daran interessiert, den neuen Auftrag zu erhalten, so wird es darauf hinweisen, daß der Gesamtpreis höher liegt als seine Angebotssumme und Rechenfehler bei der Ermittlung der Angebotssumme angefallen seien.

4.2.3.3 Gründe für den Wettbewerbsausschluß von Bietern, bei denen Gesamtpreis und Angebotssumme nicht übereinstimmen

Manipulationen zwischen den Einzelpreisen der Positionen und der Angebotssumme bewirken, sofern sie nicht zum Wettbewerbsausschluß der betreffenden Bieter führen, Verfälschungen des Wettbewerbs. Solche Bieter treten nämlich mit zwei Preisen, einem Höchst- und einem Niedrigstpreis auf dem jeweiligen Markt auf. Je nach Marktlage entscheiden sie sich nach Bekanntgabe der Angebotssumme ihrer Konkurrenten für einen innerhalb der beiden Grenzen liegenden Preis. Hierdurch ergibt sich für sie eine erhebliche Vereinfachung in Preispolitik und Kapazitätssteuerung. Außerdem erleichtern solche Preisdiskrepanzen Ausreden für das Zurücktreten von einem Auftrag.

Es gibt jedoch auch solche Fälle, bei denen Differenzen zwischen Angebotssumme und den Positionspreisen auftreten, die nicht durch eine Manipulation, sondern tatsächlich durch irgendwelche Irrtümer entstanden sind. In der Praxis ist es jedoch nicht nachprüfbar, ob eine Manipulation oder ein Irrtum vorliegt. Aus diesem Grunde sollten Bieter, bei denen Angebotssumme und Gesamtpreis nicht übereinstimmen, grundsätzlich aus dem Wettbewerb ausgeschlossen werden.

Die endgültige preisliche Rangfolge der Bieter sollte sich also aus der ursprünglichen Rangfolge ergeben, indem die Bieter ausgeschlossen werden, deren Angebotssumme nicht mit ihrem Gesamtpreis übereinstimmt. Die Reihenfolge der im Wettbewerb belassenen Unternehmen ändert sich also nicht.

Diese strikte Regelung ist heute nicht üblich; oft werden wegen der Vermutung eines Irrtums Nachverhandlungen zugelassen. Dies ist aus Gründen der Wettbewerbsgerechtigkeit abzulehnen.

Es geht nicht an, daß mit Hilfe eines Angebotes, das Rechenfehler enthält, das Submissionsergebnis abgewartet wird, um danach das eigene Angebot so zu ändern, daß ein günstigerer Preis, der zum Auftragserhalt (bzw. zur Auftragsvermeidung) führt, erzielt werden kann (60).

Unternehmen, die ihre Kosten- und Preisermittlung sorgfältig durchführen und sich an die Wettbewerbsvorschriften halten, werden durch solche Preismanipulationen benachteiligt. Den oft aufgeführten Argumenten von Seiten der Bieter, daß z.B. irgendeine Vorschrift des Leistungsverzeichnisses bei Angebotsabgabe nicht bekannt gewesen sei, bzw. ein Kalkulationsirrtum angefallen wäre, muß Folgendes entgegengehalten werden.

Im Rahmen einer Marktwirtschaft muß von fachkundigen Unternehmen erwartet werden, daß sie die relevanten Vorschriften ihrer Marktprodukte kennen bzw. sich danach vor Angebotsabgabe erkundigen, und daß sie sich die Mühe machen, Leistungsbeschreibung und Vorbemerkungen der Angebotsunterlagen sorgfältig zu studieren.

Nur allzu oft neigen Bauunternehmen (die hauptsächlich von Technikern geführt werden) noch dazu, die Vorbemerkung nur wenig zu beachten. Die Bedeutung der Vertragsunterlagen als Ganzes wird nicht erkannt, der Leistungserstellung und ihrer Beschreibung wird alleinige Aufmerksamkeit geschenkt.

Von Unternehmensseite wird das mangelhafte Studium der Angebotsunterlagen recht häufig mit der Kürze der Angebotsfrist begründet. Diese Begründung ist jedoch dann ungerechtfertigt, wenn die Auftraggeber genügend lange Angebotsfristen gewähren und darauf verzichten, erhebliche Vorarbeiten von den Bietern zu verlangen.

Oft ist es jedoch so, daß die Abteilungen, die mit der Angebotsbearbeitung vertraut sind, arbeitskräftemäßig nicht ausreichend versorgt sind. Längere Angebotsfristen führen in solchen Fällen auch zu keiner Verbesserung der Situation.

Die Unternehmen sollten sich der Bedeutung der Angebotsbearbeitung bewußt werden. Immerhin wird durch die Angebotsabgabe Liquidität, Kapazität und Erfolg des Unternehmens gesteuert. Die Ansicht, die Arbeit dieser Abteilung wäre "unproduktiv" und bereitete nur Kosten, ist noch allzu oft in Bauunternehmen zu finden.

Es ist falsch, der Abteilung für Angebotsbearbeitung ein zu großes Pensum, d.h. eine zu große Summe von zu bearbeitenden Angeboten vorzugeben. Der Vorgang der Kosten- und Preisermittlung sollte mit Sorgfalt durchgeführt werden. Die Ermittlung der Angebotssumme, beginnend mit den Einheitspreisen, ist mehrfach zu kontrollieren. Der Mehraufwand, der durch die Kontrolle des Zusammenhanges zwischen Einheitspreisen und Angebotssumme anfällt, ist minimal im Vergleich zu der eigentlichen Kalkulationsarbeit.

Untersuchungen für Unternehmen des Raumes Aachen ergaben, daß sie im Jahr 1966 im Tiefbau kaum mehr als 200 Angebote pro Jahr abgaben (Abb. 15). Es wird also in der Regel pro Arbeitstag nur ein einziges Angebot abgegeben, wobei es noch fraglich ist, wieviele dieser Angebote ernsthaft auf Auftragserhalt hinzielen. Die mehrmalige rechnerische Nachprüfung der Angebotssumme mit Hilfe einer Rechenmaschine sollte den Unternehmen zugemutet werden können.

4.3 Die Angebotsprüfung

4.3.1 Verfahren zur Bestimmung des Auftragnehmers

Sowohl von den Auftraggebern als auch von den Unternehmen wird häufig vorgetragen, daß niedrige Angebotspreise bei Auftragserhalt mängelbehaftete Leistungen bzw. Nachtragsforderungen zur Folge haben. Wie schon in den vorigen Abschnitten besprochen wurde, treten solche Fälle zwar auf, meist zeigen aber die betreffenden Auftragnehmer dieses Verhalten auch bei "guten" Preisen; es handelt sich also um ein typisches Verhalten bestimmter Unternehmen, das zum Teil auch davon abhängt, wer Auftraggeber ist, weniger aber um ein preisabhängiges Verhalten.

Es soll nicht bezweifelt werden, daß früher recht häufig ein ruinöser Wettbewerb durch leichtsinnige und wirtschaftlich unerfahrene Anbieter entstand. Man sollte jedoch bedenken, daß die Voraussetzungen von damals heute nicht mehr in dem entsprechenden Umfang vorliegen. Wenn in früheren Zeiten kleine Handwerker Angebote abgaben, die so niedrig lagen, daß die Anbieter bei klarem Durchdenken der Gegebenheiten von ihrem Angebotspreis zurückgetreten wären, so ist es verständlich, daß die Auftraggeber vor einer Auftragserteilung an solche Anbieter zurückschreckten. Ihnen war die Gefahr eines finanziellen Zusammenbruchs eines kleinen Auftragnehmers und die daraus resultierenden Schwierigkeiten für sie als Auftraggeber zu groß. Manche Auftraggeber schlossen deshalb den Niedrigstbietenden grundsätzlich vom Auftragserhalt aus.

Da diese Lösung unbefriedigend war, wurden Verfahren entwickelt, die mit Hilfe mathematischer Berechnungen den Preis ermittelten, zu dem der Auftrag vergeben werden sollte (61). Dem Anbieter, dessen Angebotssumme dem ermittelten Preis am nächsten lag, war dann der Auftrag zu erteilen.

Abgesehen von der Kompliziertheit der Verfahren sind sie deshalb abzulehnen, weil sie nicht marktgerecht sind und Manipulationen geradezu herausfordern. Der Einfluß von Gefälligkeitsangeboten, ganz gleich ob sie dem Auftraggeber oder irgendeinem Anbieter gelten, kann die Berechnungen dieser Verfahren erheblich beeinflussen. Auch wenn man extrem hohe Angebote sofort eliminiert, so bleibt doch die Frage, wo die Grenzen für eine Elimination liegen.

Ein weiterer wichtiger Nachteil dieser Verfahren ist, daß sie den Knappheitspreis als Marktregulator für die Bereitstellung von Produktionsfaktoren nicht anerkennen.

Hierzu bein Beispiel: Sofern ein Unternehmen freie Kapazitäten hat, die es unbedingt auslasten will, wird es seine Preispolitik auf einen Auftragserhalt hin ausrichten. Es versucht bei einem wettbewerbsorientierten Markt seine Konkurrenten zu unterbieten, da es dadurch dem Auftraggeber Ausgaben bei gleichbleibender Leistung erspart. Dieses Angebotsverhalten wäre bei einer Auftragserteilung gemäß den oben aufgeführten Verfahren sinnlos. Die aus diesem Verfahren resultierende Prüfung der Preisformulierung des Unternehmens nähert sich bedenklich einer Lotterie.

Unternehmensseitig ist ein Auftragserhalt durch Preisabsprachen regulierbar. Sogar ein einzelnes Unternehmen hat die Möglichkeit befreundete, nicht am Auftragserhalt interessierte Unternehmen zur Angebotsabgabe zu bewegen und ihnen die Angebotssumme so vorzugeben, daß das Ergebnis des Rechenverfahrens derartig beeinflußt wird, daß das eigene Angebot höchstwahrscheinlich nahe dem errechneten Preis liegt.

Treten keine Absprachen der Unternehmen auf, so ist es wegen der völligen Ungewißheit über die Preise der Konkurrenten und wegen der Nutzlosigkeit niedriger Preise sehr wahrscheinlich, daß recht hohe Angebote abgegeben werden. Da das eigene Angebot den Rechengang kaum beeinflußt, können die Unternehmen nur darauf hoffen, über eine Vielzahl von Angeboten eine ausreichende Zahl von Aufträgen zu erhalten. Der Sinn der Rechenverfahren, bei der Bestimmung des Auftragspreises durch den Auftraggeber vom jeweiligen Marktniveau auszugehen, ist dahin; im Gegenteil, die Verfahren führen zu überhöhten Preisen, da die Unternehmen wegen des Fehlens eines echten Preiswettbewerbs ihre Preise gar nicht den Marktverhältnissen anpassen werden.

Ein anderer Weg (62) zur Bestimmung eines Auftragspreises, der einerseits eine sparsame Verwendung der öffentlichen Mittel ermöglichen soll, andererseits aber auch die Gewähr bieten soll, daß der Auftragnehmer die Leistung ordnungsgemäß erstellt, wurde von der sächsischen Mittelstandsvereinigung ausgearbeitet. Nach diesem Verfahren sollen Sachverständige den angemessenen Preis errechnen, so daß demjenigen Anbieter, dessen Angebotspreis dem angemessenen Preis am nächsten kommt, der Zuschlag erteilt wird.

Der Vorteil dieses Verfahrens gegenüber den mathematischen Preisermittlungen liegt darin, daß die Sachverständigen den angemessenen Preis an Hand der allgemeinen Marktlage und unter Berücksichtigung der Preisindices der Produktionsfaktoren bestimmen und dadurch Manipulationen der Anbieter des betreffenden Einzelmarktes ausschalten. Die Möglichkeit des bewußten Hochdrückens des Preisniveaus durch die Unternehmen ist also fast ausgeschlossen.

Es bleibt aber auch hier der Nachteil, daß derjenige Bieter den Auftrag erhält, dessen Angebot zufällig dem angemessenen Preis am nächsten liegt.

Ein noch größerer Nachteil dieses Verfahrens liegt jedoch in der großen Zahl der notwendigen Sachverständigen. Immerhin finden in der Bundesrepublik pro Tag durchschnittlich 90 Tiefbausubmissionen (63) statt. Es ist fraglich, ob hierzu genügend fachkundige Sachverständige gefunden werden können. Die Gefahr der Beeinflussung der Gutachter durch die beiden Marktseiten muß außerdem als ziemlich groß angesehen werden. Auf keinen Fall kann dieses Verfahren als marktkonform bezeichnet werden.

4.3.2 Der Preisspiegel

Die oben aufgeführten Verfahren werden heute praktisch nicht mehr angewendet. Immer mehr hat sich der Preisspiegel, der die Angebote nach Positionspreisen gliedert, als Entscheidungshilfe für die Auftragserteilung durchgesetzt (vgl. Abb. 23).

Im Preisspiegel werden pro Position des Leistungsverzeichnisses die Einheitspreise der Bieter gegenübergestellt. Hierdurch ist es recht einfach, Vergleiche zwischen den Positionspreisen der betreffenden Ausschreibung und denen ähnlicher Positionen früherer Ausschreibungen durchzuführen, um auffällige Abweichungen festzustellen.

Angeblich erleichtern Preisspiegel auch das Erkennen von Preisabsprachen (64), weil gewisse Gesetzmäßigkeiten in den Preisabständen von Bieter zu Bieter die Regel sein sollen. Dem wäre jedoch entgegenzusetzen, daß die Einheitspreise der sich absprechenden Unternehmen nicht unbedingt, Einheitspreis für Einheitspreis, stets in gleichen Prozentsätzen übereinanderliegen. Bei etwas Geschick können die Einheitspreise der Unternehmen durch Streuung so festgelegt werden, daß kein System ersichtlich wird.

Preisspiegel dürfen auf keinen Fall dafür herangezogen werden, die niedrigsten Positionspreise zu erkunden, um diese dann in Verhandlungen beim Auftragnehmer durchzusetzen. "Ein derartiges Verfahren widerspricht nicht nur kraß dem Grundsatz von VOB/A § 24 Ziffer 1 Abs. 3, dem Verbot, Verhandlungen mit den Bietern über Änderungen der Angebote, insbesondere der Preise zu führen; vielmehr wird dabei auch der einzelne Einheitspreis aus dem Gesamtzusammenhang des Angebotspreises, der Angebotssumme herausgerissen, der als Preis für die geforderte Bauleistung ebenso wie diese ein Ganzes darstellt. Der Auftraggeber kann ein Angebot nur als Ganzes mit allen seinen Einheitspreisen annehmen oder ablehnen, er kann aber nicht einzelne Einheitspreise "auswechseln" und durch niedrigere aus anderen Angeboten gewissermaßen ersetzen" (65).

Schon in Kapitel 3.4 wurde aufgeführt, daß die Unterschiede der Kalkulationsverfahren, besonders die verschiedenen Inhalte der Begriffe Mittellohn, Einzelkosten etc. es nicht erlauben, die Positionskosten zu vergleichen. Wenn aber schon die Positionskosten nicht vergleichbar sind, so können die Positionspreise auf keinen Fall untereinander verglichen werden, da Preise zusätzlich noch von der augenblicklichen kapazitativen und wirtschaftlichen Lage des Einzelunternehmens und von den augenblicklichen Marktverhältnissen beeinflußt werden.

Wegen der Einbettung der einzelnen Einheitspreise in die Angebotssumme eines Bauobjektes ist es überhaupt fraglich, ob eine Bewertung der Angebote mit Hilfe eines Preisspiegels sinnvoll ist. Selbst Daub, der den Preisspiegel für ein geeignetes Mittel der Angebotsbewertung hält, sieht die einzelnen Einheitspreise nur im Zusammenhang mit der Bauleistung als Ganzes. Solange unterschiedliche Kalkulationsverfahren verwendet werden, und solange die Einheitspreise meist routinemäßig aus den Einheitskosten entwickelt werden, sind Einheitspreise verschiedener Unternehmen nicht ohne weiteres vergleichbar.

4.3.3 Voraussetzungen für die Vergleichbarkeit der Angebotssummen

Die Angebotssummen der einzelnen Bieter sind nur dann vergleichbar, wenn alle Bieter gleiche Vorstellungen von dem zu erstellenden Produkt haben, also wenn funktionelle Homogenität vorliegt.
Eine erhebliche Erleichterung des Studiums der Angebotsunterlagen wird durch die Standardisierung der Leistungsbeschreibung gleichartiger Positionen erreicht, da dies in der Praxis zu "Standardprodukten" führt und unterschiedliche Auslegungen des Textes unmöglich macht.

Neben dieser qualitativen Homogenisierung der Einzelpositionen ist jedoch ebenso eine quantitative Homogenität zu fördern. Es geht nicht an, daß Scheinpositionen und Massenmanipulationen verwendet werden. Wenn trotzdem falsche Massen angesetzt wurden, so muß die 10 %-Klausel der VOB (Teil B § 2 Ziffer 3) gelten, damit auf Verlangen eines der beiden Vertragspartner ein neuer Preis vereinbart werden kann.

Die Begründung dieser 10 %-Klausel liegt darin, daß sich ein Teil der Positionskosten durch Proportionalisierung von Fix- und Gemeinkosten ergibt. Sind die Einheitspreise unabhängig von der zu produzierenden Menge gültig, so tritt bei teilweise oder vollkommen konstanten Fix- und Gemeinkosten

bei Massenmehrungen eine überproportionale Gewinnsteigerung (bzw. Verlustminderung),

bei Massenminderungen eine überproportionale Gewinnminderung (bzw. Verluststeigerung)

ein.

Da bei Aufstellung eines Leistungsverzeichnisses eine vollkommen präzise Voraussage der später anfallenden Massen pro Position meist unmöglich ist, wird gemäß VOB/B § 2 Ziffer 3 den Vertragspartnern zugemutet, innerhalb eines Spielraumes von ± 10 % an den vereinbarten Einheitspreisen festzuhalten. Bei größeren Massenabweichungen kann jedoch eine neue Preisvereinbarung verlangt werden.

Öffentliche Bauherren neigen in der Praxis dazu, die 10 %-Klausel für bestimmte Positionen bzw. für das gesamte Bauobjekt außer Kraft zu setzen, um Preisverhandlungen, Etatüberschreitungen und der damit verbundenen Kritik an der Massenermittlung aus dem Wege zu gehen.

Außerkraftsetzung der 10 %-Klausel, Scheinpositionen und falsche Massenansätze bedingen aber erhebliche Preisrisiken für die Bieter. Gehen alle Bieter davon aus, daß die angegebenen Massen stimmen, so haben sie die gleiche Ausgangsposition. Treten jedoch beispielsweise später bei der Bauausführung Massenmehrungen in bestimmten Positionen auf, so ist der Auftragnehmer bevorzugt, der auf die betroffenen Positionen einen erheblichen Anteil an Fix- und Gemeinkosten verteilt hat. Dagegen hätte eine Massenminderung bei den betreffenden Positionen bei demselben Unternehmen zu einer erheblichen Kostenunterdeckung geführt. Die Wahl des Kalkulationsverfahrens und die Genauigkeit der Massenermittlung des Auftraggebers beeinflussen also bei Außerkraftsetzung der 10 %-Klausel die Erfolgssituation eines Auftragnehmers erheblich.

Es gibt nun Fälle, bei denen ein Unternehmen weiß, daß eine Position des Leistungsverzeichnisses nicht zur Ausführung kommen wird. Sein Wissen kann aus örtlichen Erfahrungen, genauem Studium der technischen Voraussetzungen oder irgendwelchen persönlichen Verbindungen entspringen.

Nehmen wir an, eine nicht zur Ausführung gelangende Position umfasse 10.000 Einheiten mit Kosten von 10 DM/Einheit. Lassen wir Gewinn und Wagnis außer Betracht, so kann das Unternehmen, sofern alle Unternehmen gleich hohe Kosten für die restlichen

Positionen haben (1 Mio DM) niedriger anbieten als seine Konkurrenten. Es kann für die Scheinposition einen nicht kostendeckenden Preis verlangen, ohne ein Verlustrisiko einzugehen. Sofern seine Konkurrenten kostendeckend anbieten, müssen sie für wenigstens 1.100.000 DM anbieten.

Unser Unternehmen kann nun wie folgt manipulieren: Es verlangt für die Scheinposition 1 DM/Einheit, insgesamt also 10.000 DM für diese Position. Damit würde seine Angebotssumme bei 1.010.000 DM liegen. Da unser Unternehmen jedoch auch mit 1.090.000 DM Niedrigstbietender wäre, verteilt es 80.000 DM (als Gewinnzuschlag) auf eine oder mehrere andere Positionen. Es erzielt also (bei gleich hohen Kosten aller Unternehmen) einen Gewinn und ist trotzdem Niedrigstbietender.

Sofern auf Scheinpositionen, Massenmanipulationen und Außerkraftsetzen der 10 %-Klausel verzichtet wird und eine Preisliste für zusätzlichen Produktionsfaktorenbedarf aufgestellt wird, sind Preismanipulationen der Bieter sinnlos. Würden nämlich Positionen entgegen dem Verursachungs- und entgegen dem Proportionalitätsprinzip mit Zuschlägen belastet, so könnten Massenänderungen, die nicht voraussehbar waren, zu erheblichen Erlösänderungen führen. Da für die Neufestsetzung von Preisen bei geänderten Massen die ursprünglichen Einheitspreise Ausgangsbasis sind, kann deren unrealistisch hohe oder niedrige Festlegung je nachdem, ob Massenmehrung oder Massenminderung vorliegt, zu bedeutenden Erlössteigerungen oder Erlösminderungen führen. Die Erlöse hängen also bei Preismanipulationen von der Zufälligkeit der Massenänderungen ab.

Bei ordnungsgemäßen Angebotsunterlagen ist es deshalb für das einzelne Unternehmen ratsam, die Preise der Einzelpositionen nach einheitlichen und verursachungsgerechten Richtlinien zu ermitteln. Dies dient außerdem dem Wahrheitsgehalt des eigenen innerbetrieblichen Berichtssystems. Jede Position sollte also mit den Kosten belastet werden, die durch sie entstehen und einen Anteil an Schlüsselkosten mittragen, der an Hand nachvollziehbarer Maßstäbe geprüft werden kann und so weit wie möglich das Verursachungsprinzip berücksichtigt.

Ein sehr gutes Hilfsmittel zur Nachprüfung der Schlüsselkosten ist eine Aufgliederung der Angebotssumme (siehe das Formular: Finbau Preis I, Werner Verlag), aus der die Anteile der verschiedenen Basis- und Schlüsselkosten klar erkenntlich werden.

Unter der Voraussetzung ordnungsgemäßer Angebotsunterlagen (einschließlich der zusätzlichen Preisliste und der Aufgliederung der Angebotssumme) und beim Fehlen von Präferenzen braucht zur preislichen Beurteilung der Angebote nur noch von der Angebotssumme (66) ausgegangen zu werden. Beide Marktseiten wissen dann zwar, daß erfahrungsgemäß irgendwann Änderungen auftreten werden, sie wissen aber nicht, wo und weshalb diese entstehen werden. Aus diesem Grunde müssen Auftraggeber und Anbieter zum augenblicklichen Zeitpunkt die vorliegenden Unterlagen als allein gültig für die Auftragsvergabe ansehen.

4.4 Die technische und wirtschaftliche Qualifikation des Auftragnehmers

Nach VOB/A § 2 sind nur fachkundige, leistungsfähige und zuverlässige Unternehmen zur Leistungserstellung heranzuziehen. Nach Ingenstau-Korbion (67) wird ein fachkundiges Unternehmen dadurch charakterisiert, daß es umfassende Kenntnisse, die den heute allgemein anerkannten Regeln der Baukunst entsprechen, auf dem speziellen Sachgebiet hat.

VOB/A § 25 Ziffer 2 hebt zusätzlich hervor, daß der Auftragnehmer die notwendigen Sicherheiten für die Erfüllung der vertraglichen Verpflichtungen bieten muß. Hierzu gehören geeignete technische und wirtschaftliche Mittel. Ingenstau-Korbion (68) fordern, daß der Auftragnehmer einen guten und modernen Gerätepark hat, der auch alle Geräte umfaßt, die zur Erstellung der geforderten Leistung notwendig sind. Diese Forderung ist jedoch durch die fortschreitende Entwicklung des Leasings dahingehend einzuschränken, daß bei Vertragsabschluß der Einsatz geeigneter Geräte und fachkundigen Personals gesichert sein muß. Wegen der Zunahme der Baustellenmaschinisierung und der damit verbundenen Fixkostenbelastung der Unternehmen ist es für diese oft wirtschaftlicher, Spezialgeräte (eventuell einschließlich des zugehörigen Bedienungspersonals) anzumieten, als solche Geräte vorzuhalten.

Außerdem werden Spezialarbeiten nicht selten an Subunternehmen weitergegeben, die sich auf das entsprechende Fachgebiet spezialisiert haben.

Bei Auftragsvergabe sollte deswegen nicht strikt darauf bestanden werden, daß der Auftragnehmer selber ausreichende Referenzen für alle Teilleistungen eines Bauobjektes aufweist, sondern es sollte auch ausreichen, daß Referenzen eines Subunternehmens für die jeweiligen Teilleistungen vorliegen. Hierdurch wird eine Spezialisierung der Unternehmen erleichtert, was zu einer Sicherung der geforderten Produktionsqualität beitragen dürfte.

Dagegen ist, ganz gleich ob der Auftragnehmer die gesamten geforderten Leistungen selber erstellen wird, oder ob er sie zum Teil an Subunternehmer weitergibt, ein Nachweis über die gesicherte wirtschaftliche Lage des Auftragnehmers stets zu fordern. Nur sie bietet dem Auftraggeber die Gewähr, daß der Auftragnehmer jederzeit geeignete Produktionsfaktoren beschaffen kann, bzw. daß er entstandene oder zu erwartende Mängel beseitigen oder entschädigen kann.

Um nun sowohl ausreichende wirtschaftliche Sicherheit als auch technische Qualifikation des Auftragnehmers zu gewährleisten, könnte man fordern, daß neuen Bietern eines sachlichen Teilmarktes eine zeitweilige Kooperation mit erfahrenen Unternehmen vorgeschrieben ist. Sofern jedoch die erfahrenen Unternehmen zu keiner Kooperation bereit sind und oligopolistische Marktmacht ausüben, würde dieser Vorschlag ebenso zu geschlossenen Märkten führen wie die übertriebene Forderung nach ausreichend fachlichen Qualifikationen des Auftragnehmers.

Eine andere Regelung, die die technischen Referenzen liberal behandelt, die wirtschaftliche Sicherheit jedoch strikt fordert, verhütet die oben aufgeführten geschlossenen Märkte. Hierbei muß die wirtschaftliche Kraft des Auftragnehmers dafür einstehen, daß die geforderte Leistung erstellt wird. Schon heute tritt oft genug der Fall ein, daß ein erfahrenes Unternehmen den Auftrag erhält, ihn aber dann teilweise von anderen Unternehmen ausführen läßt.

VOB/B § 4 Ziffer 8 fordert zwar grundsätzlich die Zustimmung des Auftraggebers zur Auftragserteilung an Subunternehmer, diese Zustimmung ist jedoch nicht notwendig bei Teilleistungen, auf die der Betrieb des Auftragnehmers nicht eingerichtet ist. Ob ein grundsätzliches oder zeitweiliges "nicht eingerichtet sein" vorliegen muß, ist in VOB/B § 4 jedoch nicht gesagt.

Berücksichtigt man außerdem den Fall, daß Produktionsfaktoren von einem ans andere Unternehmen ausgeliehen werden, so kann der Auftraggeber die offizielle oder inoffizielle Weitergabe von Teilleistungen an andere Unternehmen kaum verhindern.

Die Auftraggeber sollten deshalb den Auftragnehmern freistellen, wer die geforderten Leistungen erstellt. Sie sollten bei Prüfung des Auftragnehmers jedoch genauestens darauf achten, daß genügend wirtschaftliche Sicherheiten geboten werden, damit der Auftragnehmer bzw. Hauptunternehmer den finanziellen Erfordernissen der Leistungserstellung und der damit verbundenen Risiken gerecht wird.

4.5 Die Absicherung des Auftraggebers vor wirtschaftlichem Schaden durch den Auftragnehmer

4.5.1 Der Schutz gegen mängelbehaftete Leistungen durch fachkundige Bauleitung

Instationäre Fertigung, Witterungsabhängigkeit etc. führen im Bauwesen immer wieder zu kleineren Mängeln. Ihre Regelung ist zumeist kein Problem (69).

Mängel größeren Umfanges, die bewußt oder unbewußt entstanden sind, kommen hauptsächlich bei weniger fachkundigen und qualifizierten Unternehmen vor. Jedoch ergeben sich auch Fälle, bei denen fachkundige und angesehene Unternehmen in erheblichem Umfang mängelbehaftete Leistungen erstellt haben. Immerhin gibt es auch in solchen Unternehmen nicht nur hochqualifizierte Arbeitskräfte und Geräte.

Wenn trotzdem mit qualifizierten Unternehmen meist eine vernünftige Regelung getroffen wird, so liegt das daran, daß diese Unternehmen meist auch wirtschaftlich leistungsfähig sind und den von ihnen verursachten Schaden tragen können.

Die Qualifikation der geforderten Leistung ist nicht nur im Vertrag zu beschreiben, sondern bei der Abnahme oder während der Bauausführung auch tatsächlich zu kontrollieren und zu verlangen. Sie ist mit Hilfe der rechtlichen Handhaben zu erzwingen. Die Auftraggeber sollten "sich nicht scheuen, die Qualität ohne Rücksicht auf die wirtschaftlichen Folgen für den vertragsbrüchigen Teil zu erzwingen, wenn eine Verletzung der Gewähr vorliegt" (70).

Eine straffe Kontrolle der Bauausführung (71) und die konsequente Anwendung der Vorschriften bewirkt auf die Dauer, daß nur solche Unternehmen für ein bestimmtes Bauobjekt anbieten werden, die hierfür auch technisch und qualitativ befähigt sind. Andernfalls wäre ihr wirtschaftliches Risiko zu groß.

Der Umfang der mängelbehaftet erstellten Leistungen wird bei ständiger und strenger Leistungskontrolle zurückgehen. Gegebenenfalls sind die Arbeiten an den betreffenden Teilleistungen durch die Bauleitung so lange zu unterbrechen (72), bis der geforderte Qualitätsstandard erreicht ist. Mängelbehaftete Leistungen sollten bis zu ihrer ordnungsgemäßen Fertigstellung auf keinen Fall anbezahlt werden, da nach VOB/B § 4 Ziffer 7 "Leistungen, die schon während der Ausführung als mangelhaft oder vertragswidrig erkannt werden, vom Auftragnehmer auf eigene Kosten durch mängelfreie zu ersetzen sind. Hat der Auftragnehmer den Mangel oder die Vertragswidrigkeit zu vertreten, so hat er auch den daraus entstehenden Schaden zu ersetzen. Kommt der Auftragnehmer der Pflicht zur Beseitigung des Mangels nicht nach, so kann ihm der Auftraggeber eine angemessene Frist zur Beseitigung des Mangels setzen und erklären, daß er ihm nach fruchtlosem Ablauf der Frist den Auftrag entziehe".

Eine fachkundige Bauleitung vermeidet i.A. zusammen mit ordnungsgemäßer Leistungsbeschreibung das Eintreten bzw. Überhandnehmen von Mängeln. Eine zusätzliche Absicherung des Bauherrn ist mit Hilfe von Sicherheitsleistungen des Auftragnehmers möglich. Deshalb sollte zur Vermeidung geschlossener Märkte auf eine übertriebene Forderung nach Fachqualifikation des Auftragnehmers verzichtet werden, da andernfalls Oligopole und Monopole die Folgen sein können.

Erfahrungsgemäß sind die Fälle selten, daß ein vollkommen fachunkundiges Unternehmen anbietet. Im Normalfall bietet ein Unternehmen nur für Objekte an, die innerhalb seines Produktionsprogramms oder dessen Randgebiete liegen. Es wird deswegen wohl kein Unternehmen, das bisher nur Postkabel verlegt und kleine Kanalisationsbaumaßnahmen durchgeführt hat, einen mehrere Meter breiten Vorfluter anbieten. Wohl aber tritt der Fall häufig auf, daß z.B. bei der Ausschreibung eines großen Vorfluters Unternehmen anbieten, die bisher nur andere Kanalisations- und Tiefbaumaßnahmen durchgeführt haben. Solche Unternehmen besitzen bezüglich des zu erstellenden Bauobjektes nur partielle Fachkenntnisse. Sie können das betreffende Bauobjekt nur durch zusätzliche Beschaffung geeigneter Produktionsfaktoren und durch Hereinnahme von Subunternehmen erstellen. Inwiefern solchen Unternehmen dadurch zusätzliche Kosten entstehen, ist ein internes Problem der Unternehmen.

4.5.2 Sicherheitsleistungen des Auftragnehmers

4.5.2.1 Einführung

Nehmen wir den Fall an, daß von einem Unternehmen, dem nur unter Bedenken der Zuschlag erteilt wurde, eine mängelbehaftete Leistung erstellt wird. Eine fachkundige Bauleitung (73) wird diesen Mangel frühzeitig, d.h. mit einer maximalen Verspätung von zwei bis drei Tagen feststellen. Ein sofortiges Einschreiten der Bauleitung wird ein Fortführen der mängelbehafteten Leistungserstellung verhindern und ihren Umfang gering halten. Bei ordnungsgemäßer Bauleitung kann man also von einer "kontinuierlichen Abnahme" sprechen.

Bei häufigem Auftreten von Mängeln und den daraus resultierenden Erlösausfällen, Schadensersatzzahlungen und Mängelbeseitigungen kann der Fall auftreten, daß der Auftragnehmer wirtschaftlich nicht mehr in der Lage ist, das Bauobjekt fertigzustellen. Außerdem ist es möglich, daß sich der Auftragnehmer weigert, die Mängel zu beseitigen.

Gegen solche Fälle versuchen sich die Auftraggeber vor Auftragserteilung durch Informationen von Auskunfteien, Banken etc. abzusichern. Trotz allem sind diese Informationsmöglichkeiten sehr beschränkt und oft subjektiv. Aus diesem Grunde ist es sinnvoller, Sicherheitsleistungen von den Auftragnehmern zu fordern, die die Forderungen des Auftraggebers absichern. VOB/A § 14 sieht den Fall der Sicherheitsleistung vor, betont aber gleichzeitig, daß auf sie ganz oder teilweise verzichtet werden soll, "wenn Mängel der Leistung voraussichtlich nicht eintreten oder wenn der Auftragnehmer hinreichend bekannt ist und genügend Gewähr für die vertragsmäßige Leistung und die Abstellung etwa auftretender Mängel bietet".

Sicherheitsleistungen sollen nach den Interpretationen von Ingenstau-Korbion (74) nicht die Regel sein, weil sonst erhebliche finanzielle Mittel der Auftragnehmer gebunden würden bzw. bei Bürgschaften zusätzliche Kosten entstehen würden, die letzten Endes die Auftraggeber zahlen müßten (75).

4.5.2.2 Eine allgemeine Pflichtsicherheitsleistung

Es wäre der Fall denkbar, daß vor Auftragserteilung durch den Auftragnehmer eine Option auf eine Bürgschaft (bzw. eine entsprechende Sicherheitsleistung) vorgelegt wird. Der Auftraggeber ist hierdurch vor dem Risiko geschützt, daß ein Auftragnehmer mängelbehaftete oder sogar unbrauchbare Leistungen erstellt, jedoch aus irgendwelchen Gründen finanziell nicht mehr in der Lage ist, die Mängel zu beseitigen. Auch wenn die betroffenen Leistungen noch nicht bezahlt wurden, können noch zusätzliche Schadensersatzansprüche des Auftraggebers dadurch entstehen, daß die bisherigen Leistungen beseitigt und durch andere Unternehmen zu höheren Preisen (als mit dem bisherigen Auftragnehmer vereinbart) vertragsgerecht erstellt werden müssen.

Die augenblickliche Regelung in der Gestalt eines 10 %-igen Abzuges von der Rechnungssumme (Garantierückbehalt) (76) ist dann keine Hilfe für den Auftraggeber, wenn die mängelbehaftete Leistung zu Beginn der Leistungserstellung erbracht wurde und so noch keine Rückbehalte vorliegen. Außerdem haben diese Rückbehalte nur dann einen Sinn, wenn die Leistung vertragsgerecht erstellt wurde. Wird jedoch eine Leistung derartig erstellt, daß sie wieder beseitigt werden muß, so erfolgt keine Abrechnung dieser Leistung. Der Auftraggeber hat dann bei einem wirtschaftlichen Zusammenbruch des Auftragnehmers nur einen rechtlichen Anspruch, jedoch keine Sicherheiten, daß ihm die Abbruchkosten und eventuell auftretende Preisdifferenzen zwischen bisherigem und zukünftigem Preis der Leistungserstellung vom Auftragnehmer bezahlt werden.

Eine Pflichtsicherheitsleistung ist deshalb eine bessere wirtschaftliche Absicherung des Auftraggebers gegenüber dem Auftragnehmer und macht außerdem einen Garantierückbehalt überflüssig. Ordnungsgemäß erstellte Leistungen sind also voll zu bezahlen; mängelbehaftete Leistungen, die nur durch nicht zu verantwortende

Aufwand ausgebessert werden können und einigermaßen funktionsgerecht sind, führen zur Minderung des Abrechnungsbetrages.

Weicht die Abrechnungssumme des Auftrages um mehr als 10 % von der Angebotssumme ab, so ist der Betrag der Sicherheitsleistung entsprechend zu ändern.

Für die Auftragnehmer ändert sich bei 10 %-iger Sicherheitsleistung (sofern die Pflichtsicherheitsleistung genau so lange zu stellen ist, wie ansonsten der Garantiebetrag zurückbehalten wird) vom Zeitpunkt der Bezahlung der Schlußrechnung an finanziell nichts, da auch heute der Garantierückbehalt durch eine Sicherheitsleistung abgelöst werden kann.

Anders ist es jedoch für den Zeitraum zwischen Auftragserteilung und Bezahlung der Schlußrechnung. Für diesen Zeitraum muß ein Auftragnehmer, wenn er eine Sicherheitsleistung stellen muß, entweder einen Liquiditätsverlust hinnehmen oder aber eine Bürgschaft bzw. Ähnliches stellen.

Bei n gleich hohen Abschlagzahlungen nimmt die zusätzliche finanzielle Belastung des Unternehmens pro Zahlung um $\frac{1}{n}$ der Sicherheitsleistung ab (siehe Abb. 24). Vereinfacht dargestellt ergibt sich durch die zeitliche Überlagerung der verschiedenen Aufträge nur eine zusätzliche Belastung von 5 % der Angebotssummen aller laufenden Aufträge (77).

Bedenkt man nun, daß die Bürgschaftskosten 0,5 bis 2 % p.a. (78) (im Mittel 1 %) des Bürgschaftsbetrages ausmachen, so ergeben sich bei einjähriger Bauzeit für eine Pflichtsicherheitsleistung zusätzliche Kosten von ungefähr 1 %. 5 % = 0,05 % der Angebotssumme. Dieser Betrag (79) ist minimal im Vergleich zur Sicherheit, die dem Auftraggeber gewährt wird. Von einer durch die Pflichtsicherheitsleistung verursachten nennenswerten Verteuerung des Bauens kann nicht gesprochen werden.

Für Unternehmen, die schon heute Sicherheitsleistungen stellen müssen und zusätzlich Garantierückbehalte hinnehmen müssen, bringt die obige Regelung sogar eine Verbesserung ihrer finanziellen Lage (Garantierückbehalte und Sicherheitsleistung gleichzeitig) (80).

4.5.2.3 Die Vorteile und Realisierung einer Pflichtsicherheitsleistung für den Auftraggeber

Die kontinuierliche Abnahme (siehe Kap. 4.6.2.1) gibt dem Auftragnehmer eine Sicherheit bezüglich der ihm zustehenden Abschlagszahlungen und verhütet, daß er länger als zwei bis drei Tage hintereinander an einer mängelbehafteten Leistung weiterarbeitet. Der Umfang der nicht vertragsgemäßen Leistungserstellung kann also höchstens pro Position soviel betragen, wie in etwa 2 bis 3 Tagen (10 % bis 15 % der monatlichen Arbeitszeit) erstellt wird.

Nehmen wir an (81), ein Bauobjekt von 10-monatiger Erstellungsdauer würde derartig erstellt, daß pro Monat der gleiche Leistungsumfang (10 % der Angebotssumme) anfällt. Würde nun der Auftragnehmer in den ersten Tagen nach der monatlichen Abschlagszahlung nur mängelbehaftete Leistungen erstellen, so würde eine ordnungsgemäß arbeitende Bauleitung spätestens nach drei Tagen dies bemerken und vertragsgerechte Leistungserstellung fordern. Andernfalls müßte sie die Arbeiten einstellen lassen. Treten die Mängel später (beispielsweise am Monatsende) auf, so hat der Auftraggeber ein zusätzliches Faustpfand dadurch, daß er die ordnungsgemäß erstellten Leistungen dieses Monats bis zur endgültigen Regelung der Schäden nicht bezahlt.

Wäre der Auftragnehmer wirtschaftlich nicht in der Lage, die Mängel zu beseitigen und das Bauobjekt fortzuführen, so müßte ein neuer Auftragnehmer gesucht werden (82). Eine Sicherheitsleistung von 10 % müßte in einem solchen Falle ausreichen, um die Mehrkosten zu decken.

Würde nämlich der wirtschaftliche Zusammenbruch des Auftragnehmers zur Zeit des Baubeginns anfallen, so ist es unwahrscheinlich, daß sich kein Unternehmen zu einem Preis, der maximal 10 % über dem des bisherigen Auftragnehmers liegt, zur Auftragsübernahme bereitfindet.

Eigene Untersuchungen im Rahmen dieser Arbeit ergaben, daß bei etwa 90 % aller Ausschreibungen im Straßenbau (1966 bis 1968) der zweitbilligste Bieter nicht mehr als 10 % teurer war als der Niedrigstbietende.

Tritt dagegen der wirtschaftliche Zusammenbruch des Auftragnehmers später auf, so hat er schon einen Teil der geforderten Leistungen erstellt und je nach Qualität der Leistungserstellung vergütet bekommen.

In diesem Falle könnten durch inzwischen eingetretene Erhöhungen des Preisniveaus zusätzliche Preiserhöhungen auf den Auftraggeber zukommen.

In den Jahren 1966 bis 1970 betrug die Preiserhöhung für Arbeiten im Straßenbau jedoch im Schnitt 6 %, so daß sich für 5 Monate (83) ungefähr 2,5 % ergeben.

Ist nun schon 50 % der geforderten Leistung erstellt, so ergeben 10 % Sicherheitsleistung (auf die Angebotssumme bezogen) 20 % Sicherheitsleistung bezüglich der noch zu erstellenden Leistungen. Dieser Betrag müßte zur Absicherung von zusätzlichen Preiserhöhungen ausreichen.

4.5.2.4 Die Realisierung der Pflichtsicherheitsleistung

Im Gegensatz zu den Auftraggebern sind Banken durchaus in der Lage, die wirtschaftliche Situation der Unternehmen zu beurteilen. Jedes Unternehmen hat seine Hausbank, über die sein Geld- und Kapitalverkehr abgewickelt wird. Durch die Beobachtung dieser Finanzströme besitzt eine Hausbank einen recht guten Einblick in das Geschäftsleben des betreffenden Unternehmens (84). Da für Kredite und Bürgschaften Bilanzen vorgelegt werden müssen, kann sich eine Hausbank durch Bilanzvergleich zusätzliche Informationen über die wirtschaftliche Lage eines Unternehmens verschaffen.

Schon heute werden von Banken häufig Bürgschaften (Avalkredite) für Bauunternehmen gestellt. Avalkredite (85) werden vom Risiko her wie Barkredite beurteilt, d.h. sie werden zusammen mit diesen durch die Kreditlinie des Kunden begrenzt.

Die Pflichtbürgschaft sollte derartig sein, daß sie nur beim Eintreten eines finanziellen Zusammenbruchs des Auftragnehmers, also bei einer Insolvenz, in Kraft tritt. Bei anderen Zahlungsansprüchen des Auftraggebers müßte sich dieser also an das betroffene Unternehmen wenden und eventuell rechtliche Schritte einleiten. Dieses wäre zumutbar, da wegen der Zahlungsfähigkeit des betreffenden Unternehmens der Auftraggeber kein Risiko eingeht.

Den Einwänden gegen die Einführung einer Pflichtsicherheitsleistung, die darauf hinauszielen, daß diese Sicherheitsleistung zu einem Leichtsinn der Unternehmen führen würde, kann Folgendes entgegengehalten werden. Durch die Zahlung einer Bürgschaftssumme erhält der Bürge einen Anspruch an den Bürgschaftsnehmer. Es kann jedoch nicht im Interesse eines Unternehmens liegen, eine Bürgschaft fällig werden zu lassen und/oder insolvent zu werden. Immerhin hätte das erhebliche finanzielle Einbußen der Unternehmenseigentümer zur Folge.

Die Risiken der Banken ergeben sich daraus, daß jährlich etwa 500 Konkurse von Bauunternehmen auftreten (siehe Abb. 1a). Da es sich meist nur um kleine Unternehmen handelt, und da es insgesamt etwa 60.000 Bauunternehmen gibt, sind die daraus resultierenden Schadensfälle insgesamt gesehen recht geringfügig. Die Banken können sich außerdem je nach der wirtschaftlichen Lage des betreffenden Unternehmens durch Variation der Zinssätze dem für sie entstehenden Risiko anpassen. Auch wenn die Banken ihren Zinssatz für Avalkredite an schwache Unternehmen von 1 % auf 10 % p.a. erhöhen würden, betrüge die Erhöhung der Auftragssumme nur 0,5 % (vgl. 4.5.2.2).

4.6 Die Auftragserteilung an den Niedrigstbietenden

4.6.1 Einführung

Eine Pflichtsicherheitsleistung würde nach dem unter 4.5 Gesagten den Auftraggeber von der Prüfung der wirtschaftlichen Fähigkeiten der potentiellen Auftragnehmer entlasten und sein wirtschaftliches Risiko erheblich einschränken.

Es ist kaum anzunehmen, daß ein Unternehmen bei Stellung von Sicherheitsleistungen und einer sachgerechten Qualitätskontrolle durch die Bauleitung das Risiko eines Auftragserhalts eingehen wird, von dem es erwarten muß, daß es die betreffenden Leistungen im großen Umfang nicht vertragsgerecht erstellen kann.

Andernfalls müßte das Unternehmen bei stark mängelbehafteten Leistungen erhebliche Erlösausfälle und Schadensersatzansprüche oder sogar einen finanziellen Zusammenbruch erwarten, sofern der Auftraggeber nicht aus falschem Mitleid auf eine Erzwingung einer vertragsgerechten Leistungserstellung oder eines entsprechenden finanziellen Ausgleichs verzichtet (86).

Es fragt sich nun, ob bei Stellung einer Sicherheitsleistung überhaupt eine Prüfung der Auskömmlichkeit (87) der Bieterpreise erfolgen muß.

4.6.2 Die Problematik des auskömmlichen Preises

Die Prüfung des angemessenen Preises erfolgt aus der Sicht des Auftraggebers; die Prüfung der Auskömmlichkeit muß dagegen aus der Sicht des jeweiligen Bieters durchgeführt werden. Nur unter Berücksichtigung der unternehmensindividuellen Lage eines einzelnen Bieters, also sowohl der strukturellen, als auch der temporären Unternehmensgegebenheiten läßt sich ermitteln, ob ein auskömmlicher Preis vorliegt.

Hierzu schreibt Daub (88): "Während die Obergrenze des Angebotspreises zu dem noch zugeschlagen werden kann, durch den preispolitisch höchstzulässigen Preis bestimmt wird, wird die Untergrenze durch die Summe der auftragsabhängigen Kosten gebildet... Auftragsabhängige (auftragsbedingte) Kosten sind die Kosten, die durch die Ausführung des betreffenden Auftrages selbst entstehen".

Sofern unter auftragsabhängigen Kosten auch solche erfaßt werden, die vom Standpunkt des Unternehmens Fixkosten sind, ist diese von Daub vorgegebene Grenze als zweifelhaft zu bezeichnen.

Versteht man jedoch unter auftragsabhängigen Kosten nur solche, die nicht entstanden wären, wenn der Auftrag nicht ausgeführt worden wäre, so ist hiermit die unterste Grenze des unternehmerisch verantwortbaren Preises gefunden.

Nehmen wir den Fall an, ein Bauunternehmen hätte temporär eine so geringe Kapazitätsauslastung, daß es nicht alle Stammarbeiter im Leistungsprozeß einsetzen kann. Sofern das Unternehmen mit ausreichender Sicherheit prognostiziert, daß nach einer gewissen Zeit wieder mit mehr Vergaben und einer verbesserten Kapazitätsauslastung zu rechnen ist, wird es die nicht im Leistungsprozeß eingesetzten Stammarbeiter wohl kaum entlassen. Es wird diese Arbeitskräfte mit irgendwelchen Tätigkeiten beschäftigen. Demgemäß müssen die Löhne für die nicht im Leistungsprozeß eingesetzten Stammarbeiter weitergezahlt werden. Sie sind als Fixkosten anzusehen, da sie unabhängig von der augenblicklichen Kapazitätsauslastung anfallen. Ähnliches gilt für andere, im Augenblick nicht im Rahmen des Leistungsprozesses benötigte Produktionsfaktoren (z.B. Geräte).

Einschränkend muß gesagt werden, daß nicht alle im Rahmen der betrieblichen Leistungserstellung angefallenen Kosten als Fixkosten anzusehen sind. Es ist z.B. bei Stammpersonal zu untersuchen, ob es sich bei den im Augenblick durchgeführten Tätigkeiten um solche handelt, die irgendwann (eventuell sogar in nächster Zeit) sowieso notwendig gewesen wären, oder ob es sich um Arbeiten handelt, die bei günstiger Kapazitätsauslastung nicht durchgeführt worden wären (z.B. unnötige und wiederholte Reinigungen und Sortierarbeiten).

Wären die betroffenen Arbeiten grundsätzlich in naher Zukunft notwendig gewesen, so ist zu prüfen, ob sie nicht im Augenblick unter dem Aspekt der mangelnden Kapazitätsauslastung mit übertriebener Genauigkeit bzw. von Arbeitskräften mit zu hohem Lohnniveau erledigt werden. Nur der Anteil der Lohnkosten (außerhalb des eigentlichen betrieblichen Leistungsprozesses), der für notwendige Arbeiten anfällt und unter wirtschaftlichem Aspekt durchgeführt wird (rationelle Arbeitsdurchführung und Bewertung der Tätigkeit mit dem maximal erforderlichen Lohnniveau, z.B.

Bewertung einer Hilfstätigkeit eines Facharbeiters mit dem Hilfsarbeiterlohn), kann von den gesamten angefallenen Lohnkosten für die oben aufgeführten Stammarbeiter abgezogen werden. Der Rest muß als Fixkosten angesehen werden.

Kann das betreffende Unternehmen einen Auftrag zu einem Preis erhalten, durch den alle auftragsbedingten variablen Kosten und ein Teil der Kosten der fixkostenverursachenden Produktionsfaktoren gedeckt werden, so ergibt sich eine bessere Kostenlage, als wenn es den Auftrag nicht erhalten würde. Aus der Sicht der Konkurrenten, besonders derjenigen, die wegen besserer Kapazitätsauslastung zu Selbstkosten oder sogar mit Gewinn anbieten, wäre der obige Preis, der nur einen Teil der Fixkosten deckt, nicht auskömmlich. Tatsache ist jedoch, daß sich bei einem Auftragserhalt zum obigen Preis die individuelle Situation des Unternehmens gegenüber seiner augenblicklichen Lage verbessert.

Der niedrige Preis ist also dadurch bedingt, daß das Unternehmen unbedingt einen Auftrag erhalten will und deswegen seine Konkurrenten unterbieten muß. Diese Preisfestsetzung ist in Zeiten mangelnder Kapazitätsauslastung vom Einzelunternehmen her gesehen sinnvoll. Es steht jedoch außer Diskussion, daß es sich hierbei nur um eine Ausnahmesituation handeln kann, daß also in anderen Zeiten wenigstens die Unterdeckung der Selbstkosten ausgeglichen werden muß.

Es kann also bei niedrigen Preisen, die die Selbstkosten nicht decken, nicht ohne weiteres auf einen nicht auskömmlichen Preis geschlossen werden. Im Gegenteil, das niedrige Preisangebot kann gerade deshalb auskömmlich sein, weil es dazu beiträgt, daß durch den Auftragserhalt außer den variablen Kosten noch wenigstens ein Teil der anfallenden Fixkosten gedeckt wird.

Ähnliche Überlegungen können zur Liquiditätslage eines Unternehmens angestellt werden. Bei vorübergehend schlechter Liquiditätslage (z.B. augenblicklich schlechter Auftragslage durch Investitionsstopp der Auftraggeber) können ein Auftrag und die damit verbundenen Geldeingänge die Liquiditätssituation erheblich verbessern.

Denken wir nun an die Ausgaben durch die fixen Lohnkosten. Diesen Ausgaben stehen bei fehlenden Aufträgen keine Einnahmen gegenüber. Aber auch wenn wichtige Ausbesserungsarbeiten an schon bezahlten Leistungen oder innerhalb des eigenen Betriebes durchgeführt werden, so führen diese Arbeiten stets zu Ausgaben und haben keine Einnahmen zur Folge. Hierdurch kann eine erhebliche Anspannung der finanziellen Lage eines Unternehmens eintreten. In einer solchen Situation kann dem betreffenden Unternehmen ein kurzfristig zu beschaffender Auftrag, der wenigstens die variablen Kosten und einen Teil der Fixkosten deckt und die Liquiditätslage des Unternehmens verbessert, sehr von Nutzen sein.

Die Forderung der VOB nach der Auskömmlichkeit der Angebotssumme kann nur aus historischer Sicht verstanden werden, da in der Entstehungszeit der VOB die Grenzkosten- und Deckungsbeitragsrechnung erst im Entstehen war, und die Kostenrechnung der Bauunternehmen, sofern überhaupt existent, von Ingenieuren unter Gesichtspunkten der Vollkostenrechnung aufgebaut wurde. Die Bestimmung über die Auskömmlichkeit der Preise sollte die Auftraggeber von dem Risiko der Auftragserteilung an unerfahrene, leichtsinnige oder konkursbedrohte Unternehmen abhalten. Die Unternehmerschaft als ganzes sollte dagegen vor diesen, den Wettbewerb verzerrenden Unternehmen geschützt werden.

Heute, 50 Jahre nach Entstehen der VOB, kann davon ausgegangen werden, daß auch im Bauhauptgewerbe die wichtigsten Grundzüge der Betriebswirtschaftslehre bekannt sind. Bestimmte Bauunternehmen verwenden sogar schon Kostenrechnungsmethoden, die der Grenzkostenrechnung nahe kommen.

Mit Hilfe der Grenzkostenrechnung kann heute ein angebotsstrategisches Verhalten entwickelt werden, das sich der jeweiligen Kapazitätsauslastung und Auftragslage anpaßt. Es sei nur auf einen einfachen Fall hingewiesen, bei dem ein Unternehmen, das in größerer Entfernung von seiner Niederlassung schon eine bedeutende Baustelle hat, während der Bauzeit auch noch für andere Bauobjekte ähnlicher Art in der Umgebung dieser Baustelle anbietet. Da schon eine Baustelleneinrichtung und Bauleitungspersonal vorhanden sind, kann bei Anschlußaufträgen oder zeitlich günstig liegenden Zusatzaufträgen darauf zurückgegriffen werden. Kleinere Baumaßnahmen können auch während der Bauzeit der größeren Maßnahme noch mit freiwerdendem Gerät und dem vorhandenen Bauleitungspersonal durchgeführt werden.

Vorteilhaft wirkt sich für die Kosten aus, daß bei neuen Aufträgen die örtlichen Bezugsquellen bekannt sind, Mengenrabatte in Anspruch genommen werden können und keine oder kaum zusätzliche Geräte herantransportiert und installiert werden müssen.

Sofern die vorhandene Baustelleneinrichtung und das Verwaltungs- und Bauführungspersonal mitbenutzt werden kann, fallen für die neuen Aufträge nur relativ wenig Baustellengemeinkosten an. Solche Unternehmen können also bei den entsprechenden Ausschreibungen und sonst gleicher Kostenstruktur niedriger anbieten als Unternehmen, die an diesem Ort im Augenblick keine Baustelle oder Niederlassung besitzen. Der auskömmliche Preis der einzelnen Anbieter ist dadurch recht unterschiedlich.

Ein weiteres Argument, das gegen eine Prüfung der Auskömmlichkeit der Angebotssummen der einzelnen Bieter spricht, liegt darin, daß die oben getroffene Annahme der Gleichheit der Kostenstrukturen der Unternehmen nicht der Realität entspricht. Im Normalfall hat jedes Unternehmen seine eigene spezifische Kostenstruktur, die sich ganz allgemein aus der Unterschiedlichkeit der dem Unternehmen zur Verfügung stehenden Produktionsfaktoren und Produktionstechniken ergibt. Auf das einzelne Bauobjekt bezogen treten dann noch zusätzliche Kostenunterschiede dadurch auf, daß zur Produktionserstellung nur über einen Teilbereich der eigenen Produktionsfaktoren disponiert werden kann, da der Rest anderweitig gebunden ist. Hierdurch ergeben sich unterschiedliche Kombinationen von Arbeitskräften und Geräten, deren Leistungsfähigkeit in Qualität und Quantität mit den optimalen Einsatzmöglichkeiten und den Bedingungen der Anforderungen des Vertrages meist nicht übereinstimmen. Weiterhin können unterschiedliche Bezugsquellen und Objektentfernungen auch noch Kostenunterschiede zur Folge haben.

Immer vorausgesetzt, daß eine VOB-gerechte Leistungsbeschreibung vorliegt und keine Präferenzen irgendwelcher Art gewährt werden, führt die unterschiedliche Beurteilung der Leistungsansätze der einzelnen Kalkulatoren (89) im Normalfall dazu, daß sich schon im technischen Mengengerüst und bei der Risikobeurteilung unterschiedliche Ansätze ergeben.

Da die Auftraggeber sich von außen her kaum in die augenblickliche wirtschaftliche Lage der Bieter hineinversetzen und alle Aspekte (90) berücksichtigen können, ist es sehr schwierig (wahrscheinlich sogar unmöglich) nachzuweisen, daß die Preise eines Bieters nicht auskömmlich sind.

Aus der augenblicklichen Situation eines bestimmten Unternehmens können dessen Preise, auch wenn sie anderen Unternehmen und dem Auftraggeber als Schleuderpreise vorkommen, markt- und/oder kostengerecht sein. Es ist außerdem zweifelhaft, ob überhaupt eine verursachungsgerechte Ermittlung der Vollkosten eines Bauobjektes möglich ist. Schließlich sind die Kostenermittlungen einer Vorkalkulation nur Schätzungen, deren Werte (trotz einer ordnungsgemäßen Leistungsbeschreibung) von den tatsächlichen Kosten abweichen können.

4.6.3 Voraussetzungen für die Auftragserteilung an den Niedrigstbietenden

Setzt man voraus, daß bei einer Submission nur fachkundige, leistungsfähige und zuverlässige Unternehmen anbieten und daß keine Nebenangebote (91) abgegeben werden, so ist es wenig sinnvoll, einem anderen als dem Niedrigstbietenden den Zuschlag zu erteilen, da bei einer ordnungsgemäßen Leistungsbeschreibung gleiche Mindestqualitäten angeboten werden.

Erste Bedingung für die Auftragserteilung an den Niedrigstbietenden ist also eine VOB/A § 9 entsprechende Beschreibung der geforderten Leistung, deren Realisierung durch eine fachkundige Bauleitung überwacht wird. Nur so ist die funktionelle Homogenität der angebotenen Leistungen gewährleistet und alle Bieter haben vom Produkt her eine gleiche Ausgangsposition für ihre Kosten- und Preisermittlung.

Damit die funktionelle Homogenität der angebotenen Leistungen erhalten bleibt, ist außerdem darauf zu achten, daß die vom Auftraggeber erarbeiteten Vertragsunterlagen ohne Einschränkungen von allen Bietern anerkannt werden. Bieter, die Angebotsunterlagen abändern (z.B. durch Einschränkungen), müssen aus dem Wettbewerb ausgeschlossen werden.

Hierdurch werden die Unternehmen gezwungen, berechtigte Bedenken (z.B. bei völlig ungeeigneter Leistungsbeschreibung) schon vor Angebotsabgabe dem Auftraggeber mitzuteilen. Dieser kann dann gegebenenfalls die gesamte Ausschreibung aufheben oder allen Abholern von Vertragsunterlagen geänderte Angebotsunterlagen zur Verfügung stellen. Erkennt der Auftraggeber die Bedenken nicht an, so muß das betreffende Unternehmen entscheiden, ob es die Vertragsunterlagen voll anerkennt oder aber auf ein Angebot verzichtet.

Eine weitere wichtige Bedingung für die Auftragserteilung an den Niedrigstbietenden ist die Sicherung des Auftraggebers vor finanzieller Schädigung durch den Auftragnehmer. Die Angebotssumme des Niedrigstbietenden muß deshalb unterhalb der preisrechtlichen Obergrenze liegen. Außerdem ist der Auftraggeber durch eine Sicherheitsleistung für den Fall eines wirtschaftlichen Zusammenbruchs des Auftragnehmers abzusichern. Hierdurch wird eine Prüfung der Auskömmlichkeit der Preise der Bieter überflüssig. Die Kosten der Sicherheitsleistung (bei einjähriger Bauzeit etwa 0,05 % der Angebotssumme) stehen in keinem Verhältnis zu dem

Wegfall der Kosten der auftraggeberseitigen Recherchen, zur erheblich verbesserten wirtschaftlichen Sicherheit des Auftraggebers und dem Vorteil der Wettbewerbsgleichheit aller Anbieter.

Die Sicherheitsleistung kann gegebenenfalls um 100 % erhöht werden, wenn ein Niedrigstbietender gar keine geeigneten Referenzen über gleichartige Bauleistungen vorlegen kann. Die eine Hälfte dieser erhöhten Bürgschaft wäre wie bei der einfachen Bürgschaft, nur bei wirtschaftlichem Zusammenbruch des Auftragnehmers fällig. Die andere Hälfte könnte für alle Fälle (z.B. bei Weigerung von Mängelverbesserung und einer dadurch bedingten Auftragserteilung an ein anderes Unternehmen) herangezogen werden. Selbstverständlich würde eine Bank eine solche erweiterte Bürgschaft nur zu höheren Zinsen vergeben. Außerdem würden solche Unternehmen, deren technische und wirtschaftliche Voraussetzung für den betreffenden Auftrag nicht ausreichend ist, keine Bürgschaft erhalten oder aber zu zusätzlich erhöhtem Zins. Ungeeignete Unternehmen werden durch dieses Regulativ vor einer leichtfertigen Angebotsabgabe gewarnt und gegebenenfalls von einer Angebotsabgabe abgehalten.

4.6.4 Auftragserteilung an den Niedrigstbietenden und ruinöser Wettbewerb

Vielfach wird von Bauunternehmen vorgebracht, daß eine strikte Auftragserteilung an den Niedrigstbietenden einen ruinösen Wettbewerb zur Folge hätte. Es wird behauptet, daß stets irgendein Bieter zu nicht kostendeckenden Preisen anbieten würde.

Träfe diese Aussage zu, so hätte eine konsequente Auftragserteilung an den Niedrigstbietenden zur Folge, daß alle Aufträge zu nicht kostendeckenden Preisen abgewickelt würden. Dies müßte zwangsläufig zu einer Selbstzerstörung der Unternehmerschaft führen.

Ohne Zweifel wird es stets einige Unternehmen geben, die aus fehlender Erfahrung und mangelndem Markt- und Kostenbewußtsein durch zu häufiges Bieten unter den Selbstkosten und den damit verbundenen Auftragserhalten ihren wirtschaftlichen Zusammenbruch herbeiführen. Das Schicksal dieser Unternehmen muß als ein marktwirtschaftlicher Reinigungsprozeß hingenommen werden.

Nicht selten werden auch die Fälle auftreten, in denen Unternehmen bei temporären Liquiditäts- und Kapazitätsschwierigkeiten mit nichtkostendeckenden Preisen auf dem Markt auftreten. Dieses Verhalten kann jedoch nur vorübergehender Natur sein, da sich andernfalls die finanzielle Lage der betreffenden Unternehmen von Auftrag zu Auftrag verschlechtern würde und nach einer gewissen Zeit zum Konkurs der Unternehmen führen würde.

Solange erwerbswirtschaftlich orientierte Unternehmen auf dem Baumarkt agieren, kann davon ausgegangen werden, daß sie nur so lange auf dem Markt tätig sind, wie sie die Hoffnung haben, wenigstens ihre Aufwendungen zu decken, wenn nicht sogar einen Gewinn zu erzielen. Diese Unternehmen sind also nicht bereit, auf die Dauer zu Preisen anzubieten, die die Aufwendungen nicht dekken. Andernfalls wäre es für die Unternehmen sinnvoller, ihre bautechnischen Kapazitäten abzustoßen und für andere Märkte zu produzieren.

Auch darf die Betonung der Besonderheiten der Bauproduktion und der Bauwirtschaft nicht dazu führen, den Baumarkt als Wettbewerbsveranstaltung abzuschaffen und Bauaufträge nach Selbstkostenerstattungsverträgen zu vergeben. Es mag sein, daß heute oder zu anderen Zeitpunkten auf bestimmten Teilmärkten des Baumarktes sehr niedrige Preise erzielt werden. Oft beruhen diese niedrigen Preise jedoch auf der Hoffnung der Auftragnehmer auf gewinnbringende Nachträge und unentdeckte Minderleistungen.

Sorgfältige Planung, Leistungsbeschreibung (eventuell Einführung von Incitamenten (92)), Bauleitung und Abrechnung sollten diesen Manipulationen Einhalt bieten können. Hierdurch werden die Bieter gezwungen, schon bei der Angebotsabgabe die Preise (und implizit auch ihre Gewinne bzw. Verluste) zu nennen, die später realisiert werden.

Die Erfolgsausweise der zur Publikation verpflichteten Bauunternehmen widersprechen der These, daß im Bauwesen mit Verlust gearbeitet wird. Sollte tatsächlich ein erheblicher Anteil dieses Erfolges durch Nachträge realisiert worden sein, so würden die oben aufgeführten Maßnahmen zur Vermeidung ungerechtfertigter und preislich überhöhter Nachträge sowie einer strikten Auftragserteilung an den Niedrigstbietenden zur Folge haben, daß die Unternehmen schon bei der Ausschreibung mit den Preisen auftreten, die ihrem Erfolgsanspruch im jeweiligen Wettbewerb gerecht werden (vgl. Kap. 4.3.3).

Sofern die Angebotssummen der Bieter alleinige Grundlage für die Gewinnerzielung sind, können diese Preise auch als alleiniger Beurteilungsmaßstab für die Auftragserteilung dienen. Unter den in 4.6.3 aufgeführten Voraussetzungen ließe sich also bei Tiefbauobjekten, die in ihrer Art und Größe nicht vollkommen aus dem Rahmen des üblichen fallen und die vom Bauherrn in eigener Regie geplant werden, bei strikter Auftragserteilung an den Niedrigstbietenden ein Wettbewerb durchführen, der sich alleine auf dem Preissektor bewegt.

Anmerkungen

(1) Die Auswertungen des Datenmaterials wurden meist klassifiziert durchgeführt. Da jedoch bei Treppenkurven und Säulendarstellungen die Überlagerung mehrerer Darstellungen praktisch unmöglich ist, andererseits aber diese Überlagerungen Unterschiede bzw. gleiche Tendenzen klar erkennen lassen, wurden andere Darstellungsweisen gewählt.

(2) siehe: H. Ingenstau, H. Korbion: "VOB Teil A und B Kommentar", 5. Aufl., Düsseldorf 1968, S. 56 ff.

(3) H. Ingenstau, H. Korbion: a.a.O., S. 35.

(4) Das muß jedoch nicht bedeuten, daß die für einen Auftragserhalt in Frage kommenden Unternehmen sich nicht wie Wettbewerber verhalten und dem Auftraggeber Angebote unterbreiten. Nach der "Verordnung PR Nr. 1/72 über die Preise für Bauleistungen bei öffentlichen oder mit öffentlichen Mitteln finanzierten Aufträgen" vom 6.3.1972 § 5 Abs. 1 sind Wettbewerbspreise nicht nur solche Preise, die bei einer Ausschreibung zustande kommen. Als Wettbewerbspreise werden dort auch solche Preise aufgeführt, die bei freihändigen Vergaben abgegeben werden, wenn mehrere Bieter zum Angebot aufgefordert waren.

(5) siehe: Ingenstau, Korbion: a.a.O., S. 89. K. Vialon: "Haushaltsrecht", 2. Aufl., Berlin-Frankfurt 1919, S. 692. W. Daub: "VOB "Richtlinien der Finanzbauverwaltung", 7. Aufl., Düsseldorf 1968, S. 4 f. Runderlaß des Bundeswirtschaftsministers, Nr. IV A 6-10 047/53, vom 30. März 1913, BWM Bl. 1913, S. 26. Denkschrift des Präsidenten des Bundesrechnungshofes zu den Bundeshaushaltsrechnungen für die Rechnungsjahre 1949 und 1950, Bundestagsdrucksache 396, vom 14. Februar 1954, S. 66. O. Gandenberger: "Die Ausschreibung", Heidelberg 1961, S. 26 ff.

(6) Bei der Ermittlung der errechneten Werte wurde ab 50 km Objektentfernung Auslösung angenommen, da der Zeitaufwand für eine einzelne Fahrt mit einem öffentlichen Verkehrsmittel bei dieser Entfernung die Grenzen von 1,5 h überschreitet. Der Grund dafür, daß die Angaben der Unternehmen bei größeren Entfernungen unter den errechneten Werden liegen, wird sehr wahrscheinlich darin liegen, daß der Bundesrahmentarif den Unternehmen die Möglichkeit einer Kostenersparnis durch Beförderung der Arbeitnehmer bietet. Die Entfernung, von wo an Auslösung gezahlt werden muß, wird durch die hohe Reingeschwindigkeit von Kleinbussen auf etwa 80 bis 100 km erhöht. Vgl. K.H. Schiffers: "Parameter für Angebotsstrategien im Bauwesen", Diss. TH Aachen 1971, S. 66 ff.

(7) Genaueres zu Absprachen siehe Kap. 3.2.

(8) siehe: Gandenberger: a.a.O., S. 32.

(9) siehe: Gandenberger: a.a.O., S. 101.

(10) siehe: W.M. Kirsch: "Das deutsche Verdingungswesen", Stuttgart 1936, S. 110 ff. B. Eben: "Staat und Bauvergabe" in: "Baumarkt", Heft 21 1960, S. 2265 ff. "Leistung und Preis auf der Waage", Veröffentlichung des Hauptverbandes der Deutschen Bauindustrie, Frankfurt 1957, S. 7 ff. E. Bopp: "Sind die herkömmlichen Ausschreibungsformen heute noch zeitgemäß?" in: "Der Bau und die Bauindustrie" 1957, Heft 6, S. 165 ff. F. Hereth, O. Ludwig und R. Naschold: "Kommentar zur Verdingungsordnung für Bauleistungen", Bd. I, Wiesbaden und Berlin 1953, S. 210 ff. H.J. Herbst: "Wettbewerb und Wettbewerbsbeschränkungen bei Ausschreibungen", Köln-Berlin-Bonn-München 1965, S. 93 ff. W. Daub: "Aktuelle Fragen der Vergabe und des Wettbewerbs bei öffentlichen Bauaufträgen" in: "Die Bauwirtschaft und ihre betriebswirtschaftlichen Probleme", Berlin 1958, S. 88. Ingenstau-Korbion: a.a.O., S. 350 ff. W. Daub: "VOB-Richtlinien", S. 8 ff.

(11) Gandenberger: a.a.O., S. 138 f.

(12) Im Kapitel 4.6 folgt eine eingehende Auseinandersetzung mit dem Problem der grundsätzlichen Auftragserteilung an den Niedrigstbietenden.

(13) H. Hanrath: "Das Verdingungswesen im Baugewerbe", Diss. Nürnberg 1956, S. 48 f.

(14) Zur Auftragserteilung an bevorzugte Bieter siehe: Gandenberger: a.a.O., S. 64 f. W. Daub: "Bauvergabevorschriften", Düsseldorf 1969, S. 155 ff.

(15) siehe: Ingenstau-Korbion: a.a.O., S. 38 f.

(16) siehe: E. Bopp, H. Frey und G. Vieten: "Marktforschung in der Bauindustrie", S. 72 in: "Baupreis und Baumarkt", Hrsg. F. Küppers, Wiesbaden-Berlin 1962 und Ifo-Institut: "Bauwirtschaft und öffentliche Hand Partner am Baumarkt", München 1965, S. 135 ff.

(17) D. Reck: "Government Purchasing and Competition", Berley-Los Angeles 1954, S. 96 ff.

(18) Gandenberger: a.a.O., S. 226 f.

(19) "Dr. Gablers Wirtschaftslexikon", Bd. 2, S. 488.

(20) F. Mayer: "Verwaltungsorganisation" im: "Staatslexikon", Hrsg. Görres-Gesellschaft, Freiburg 1963, Bd. 8, S. 234.

(21) siehe: P. Senf: "Budget" im HdSW, Bd. II, 1959, S. 428.

(22) siehe: Ingenstau-Korbion: a.a.O., S. 56 ff.

(23) siehe: Rheinisch-Westfälisches Institut für Wirtschaftsforschung Essen: "Öffentliche Hand und Baumarkt - Voraussetzungen und Möglichkeiten einer Koordinierung" in: "Forschungsberichte des Landes Nordrhein-Westfalen", Köln-Opladen 1964.

(24) B.S. Frey: "Die ökonomische Theorie der Politik oder Die Neue Politische Ökonomie: eine Übersicht" in: "Zeitschrift für die gesamte Staatswissenschaft" 126 (1970), S. 1-23.

(25) Ingenstau-Korbion: a.a.O., S. 45.

(26) Unternehmen (= Unternehmung) als kapitalmäßige, rechtliche Einheit im Unterschied zum Betrieb als Produktionseinheit, die den technischen, kommerziellen und finanziellen Teilbereich in sich einbegreift. Betriebe umfassen deshalb auch noch Arbeitsgemeinschaften und Filialen. (siehe: E. Gutenberg: "Grundlagen der Betriebswirtschaftslehre Bd. I, 2. Aufl.", Berlin-Göttingen-Heidelberg 1965, S. 2 und S. 381).

(27) siehe: E.v. Lucadou: "Struktur und Probleme des Bauhauptgewerbes", Wiesbaden 1960, S. 9.

(28) siehe: E.V. Lucadou: a.a.O., S. 15.

(29) T. Beste: "Fertigungsverfahren" im HdB, 3. Aufl. 1956, S. 1766.

(30) W. Corsten: "Der Straßenbaubetrieb", Berlin 1961, S. 14 f.

(31) Genaueres hierzu siehe Kap. 3. besonders 3.1.

(32) Im Landesteil Nordrhein traten: 1967 bei 2019 Tiefbauausschreibungen 18 private Auftraggeber auf, 1968 bei 1853 Tiefbauausschreibungen 26 private Auftraggeber auf. Primärdaten: ibau-Nachrichten, Münster (Westf.).

(33) Unter Auftragsgröße wird der Betrag in DM verstanden, zu dem der Auftrag vergeben wird. In den Untersuchungen dieser Arbeit wurde der Preis des Niedrigstbietenden als Auftragsgröße angenommen.

(34) Die Auftragsgrößenklassen wurden wie folgt eingeteilt:

$50.000 < A_1 \leq 100.000$

$100.000 < A_2 \leq 200.000$

$\vdots$

$1.500.000 < A_{16}$.

(35) Die Niederlassung des Unternehmens MU liegt an der Stadtgrenze Köln. MU muß deshalb als Kölner Unternehmen angesehen werden.

(36) Genaueres zum V_i-Wert und zu den Möglichkeiten der Typisierung des Bieterverhaltens in preislicher Hinsicht, siehe Schiffers: "Parameter..." a.a.O., S. 97 ff.

(37) vgl. Schiffers: "Die Berücksichtigung des preispolitischen Verhaltens von Konkurrenten im Wettbewerb" in: "Der Baubetriebsberater", 11/1972, S. 84 ff.

(38) Die folgenden Erörterungen stehen nicht im Gegensatz zur Feststellung, daß mehr als 80 % aller öffentlich ausgeschriebenen Objekte an den Niedrigstbietenden vergeben werden. Bei der einzelnen Ausschreibung ist jedoch nicht sicher, ob auch in diesem Fall dem Niedrigstbietenden der Zuschlag erteilt wird.

(39) Inwiefern die Hereinnahme von Subunternehmern zulässig ist, ist im Vertrag zu regeln, also aus den Angebotsunterlagen ersichtlich. Sehr oft wird die Zustimmung des Auftraggebers gefordert, die jedoch im Regelfall auch erfolgt.

(40) siehe: Gandenberger: a.a.O. Herbst: a.a.O., "Die Verdingungsordnung für Bauleistungen", Bericht über einen Vortragsnachmittag am 7. Dezember 1926 im Industrieclub zu Düsseldorf, L. Schwann, Düsseldorf 1927. G. Mayer: " Das Submissionswesen", Berlin 1895. K. Steinbrecher: "Neue Vergebungsarten für Bauarbeiten im Rahmen des Verdingungswesens", Diss. Berlin 1920. H.K. Mees: " Die Verdingungsordnung und das Gesetz gegen Wettbewerbsbeschränkungen", Diss. Mainz 1960. H. Korbion: " Der wettbewerbswidrig handelnde Bieter", "Bau und Bauindustrie", Heft 13, 1966, Beilage "Baubetriebswirtschaft". W. Daub: "VOB-Richtlinien", Düsseldorf 1968. H. Crome: "Weitere Ursachen der Kartellbildung in der Bauwirtschaft mit praktischen Beispielen" in: "Der Betriebsberater", Heft 3, 1961. J. Schmidt: "Schöne Bescherung für Kartellsünder" in: "Süddeutsche Zeitung", 27.12.1957, S. 3. H. Crome: "Erfahrung mit Methoden und Systemen bei Preisabsprachen der Bauwirtschaft" in: "Die Bauverwaltung", Heft 2, 1965. E. Bopp: "Musterverträge - Preisabsprachen - Wettbewerbsregelung - Rationalisierungskartell" in: "Baumarkt", Heft 22, 1960. E. Stürzenacker: "Bauskandal?" in: "Baurundschau Nr. 1, 1960. H. Crome: "Ursachen der Kartellbildung in der Bauwirtschaft und Möglichkeiten zu ihrer Beseitigung" in: "Der Betriebsberater", Heft 23, 1959.

(41) siehe: "Baukartell in Schleswig-Holstein aufgedeckt", ohne Verfasser, in: "Stuttgarter Zeitung" vom 11. März 1958, S. 4.

(42) siehe: Bopp: a.a.O., S. 68.

(43) siehe: Crome: "Erfahrungen...", S. 87 ff.

(44) siehe: Herbst: a.a.O., S. 70.

(45) Aus der Seltenheit der Fälle, bei denen Absprachen bewiesen werden konnten, darf nicht geschlossen werden, daß Absprachen selten sind. Gespräche mit Herren verschiedener Unternehmen ließen nämlich erkennen, daß Preisabsprachen noch üblich sind und nicht als ehrenrührig empfunden werden.

(46) Ifo-Institut a.a.O., S. 142.

(47) Ifo-Institut a.a.O., S. 143.

(48) siehe auch Gandenberger: a.a.O., S. 218 ff.

(49) und (50) Teile des Leistungsverzeichnisses einer Erdbauausschreibung im Raum Aachen.

(51) H. Crome: "Weitere...", S. 119.

(52) Ifo-Institut a.a.O., S. 112.

(53) siehe: G. Drees, D. Hirsch: "Die Kalkulationsmethoden in der Bauindustrie", Wiesbaden und Berlin 1968, S. 138 ff.

(54) siehe: Daub: "VOB Richtlinien...", S. 10.

(55) ebendort, S. 10.

(56) ebendort, S. 12.

(57) siehe: W.Z. Duic und F.C. Trapp: "Baumaschinen-Handbuch", Bd. 1-5, Wiesbaden-Berlin 1964, ff. Baugeräteliste 71, Hrsg. Hauptverband der Deutschen Bauindustrie, Wiesbaden-Berlin 72. W.Z. Duic und F.C. Trapp: "Handbuch für die Kalkulation von Bauleistungen", Bd. 1, ff., Wiesbaden-Berlin 1967, ff. K. Plümecke: "Preisermittlungen für Bauarbeiten", 15. Aufl., Köln-Braunsfeld 1964.

(58) Die Angebotssumme ist der vom Bieter angegebene Betrag, der für die Erstellung des gesamten Bauobjektes (Summe aller Positionen) verlangt wird. Nur die Angebotssumme wird bei der Angebotseröffnung bekannt gegeben und ist das Kriterium zur vorläufigen Feststellung des Niedrigstbietenden und der Rangfolge im Submissionsergebnis.

(59) siehe: Kap. 4.3.2.

(60) siehe: Schiffers: "Überlegungen zur Zuschlagserteilung an den Niedrigstbietenden" in: "Die Bauverwaltung", Heft 4, 1972, S. 189 und in: "Baumarkt", Heft 14, 1972, S. 559.

(61) z.B. das Mittelpreisverfahren von Zimmermann, bei dem aus allen abgegebenen Angebotssummen der arithmetische Mittelwert berechnet wird. Andere Verfahren sondern extrem hohe oder niedrige Angebotssummen aus oder gewichten die Angebote. Siehe: Daub: " VOB Richtlinien", S. 30 ff.

(62) siehe: Steinbrecher: a.a.O.

(63) Auswertung der verschiedenen regionalen Ausgaben der ibau-Nachrichten.

(64) siehe: Daub: "VOB Richtlinien...", S. 30.

(65) ebendort.

(66) Die Einheitspreise haben nur noch die Aufgabe, die Abrechnung zu vereinfachen. Sie sind notwendig, da kleine Abweichungen unvermeidlich sind und bei der Abrechnung auch berücksichtigt werden sollen. Außerdem haben die Einheitspreise zusammen mit der Preisliste für zusätzlichen Produktionsfaktoreneinsatz erhebliche Bedeutung für Nachtragsverhandlungen.

(67) Ingenstau-Korbion: a.a.O., S. 74.

(68) Ingenstau-Korbion: a.a.O., S. 351.

(69) Zur Erfüllungshaftung des Auftragnehmers siehe: H. Wussow: "Die Haftung des Bauunternehmens bei der Bauausführung", Köln-Braunsfeld 1964, S. 129 ff. Nicht jeder Fehler der Bauleistung hat Gewährleistungsansprüche des Bauherrn zur Folge. Es muß sich um einen Fehler handeln, der den Verkehrswert der Leistung oder deren Benutzungsfähigkeit mindert.

(70) siehe: G. Burkhardt: "Qualität der Bauleistung sichern" in: "Leistung und Preis auf der Waage", Frankfurt a.M. 1957, S. 81 ff.

(71) Nach der Bauordnung für das Land Nordrhein-Westfalen (Bau ONW) vom 25.6.1962 in der Bekanntmachung der Neufassung vom 27.1.1970 hat der Bauleiter die den genehmigten Bauvorlagen und den anerkannten Regeln der Baukunst entsprechende Ausführung des Bauvorhabens zu überwachen. Nach H. Gädke ("Kommentar zur Bau ONW", 3. Aufl., Düsseldorf 1970, S. 481) ist der Bauherr und somit sein Vertreter (der Bauleiter) Herr des Baues. Ihr Wille beherrscht die Bauausführung, die dem Bauunternehmer auf der Grundlage des Vertragsrechts übertragen wurde.

(72) siehe: Gädke: a.a.O., S. 484.

(73) Nach Gädke (a.a.O., S. 487 f.) trifft den Bauleiter keine ständige Anwesenheitspflicht auf der Baustelle. Seine Anwesenheit hat sich nach den Anforderungen der Überwachungspflicht zu richten. Es gehört zur Eigenverantwortlichkeit des Bauleiters, der Sache nach zu entscheiden, welche Bauvorgänge er an Ort und Stelle überwachen muß und welche er, ohne den Tatbestand der Fahrlässigkeit zu schaffen, unbeaufsichtigt durchführen lassen kann.

(74) Ingenstau-Korbion: a.a.O., S. 240.

(75) Außerdem besteht die Gefahr der Diskriminierung von Unternehmen, indem Hausbanken sich weigern, eine Bürgschaft zu stellen, weil ein anderes Unternehmen, an dem die Bank durch Aktien oder anders beteiligt ist, ebenfalls auf einen Auftragserhalt hofft. Dem ließe sich aber entgegentreten, indem nicht die Stellung einer Sicherheitsleistung verlangt wird, sondern bei Angebotsabgabe eine Option auf eine Bürgschaft (oder die Einzahlung auf ein Sperrkonto) verlangt wird. Die oben aufgeführte Hausbank weiß in einem solchen Fall nicht, wieviele andere Unternehmen (auf die sie keinen Einfluß hat) mit ihrem Preis noch zwischen den beiden genannten Unternehmen liegen. Sie wird sich deshalb das Geschäft mit dem Unternehmen, an dem es keine Beteiligung hat, kaum entgehen lassen. Die Höhe der Bürgschaftsoptionen sollte so hoch liegen, daß andere Unternehmen durch die Höhe der Optionen von ihren Hausbanken keine sicheren Informationen über die Preise ihrer Konkurrenten erhalten.

(76) Vgl.: H. Schönnenbeck: "Unternehmensfinanzierung in der Bauwirtschaft", Düsseldorf 1968, S. 19 f.

(77) Verglichen mit der Belastung durch den heutigen Garantierückbehalt. Der Betrag von 5 % ergibt sich daraus, daß zu Beginn der Bauzeit etwa 10 %, gegen Mitte etwa 5 %, gegen Ende etwa 0 % zusätzliche Belastung eintreten.

(78) Nach Angaben von Geschäftsbanken.

(79) Der Gefahr, daß die Unternehmen zu hohe Rechnungsbeträge angeben und so die Rückbehalte bzw. Sicherheitsleistungen ausgleichen wollen, kann durch Bauleitung und Rechnungsprüfung entgegengewirkt werden.

(80) siehe: Schönnenbeck: a.a.O., S. 21 f.

(81) Zur Wirklichkeitsnähe dieser Annahme siehe Schiffers: "Vorherbestimmung der zeitbezogenen Leistungserstellung fremder Unternehmen" in: "Baumarkt", Heft 13, 1972, S. 490 f.

(82) Hierbei wird nicht ausgeschrieben, sondern freihändig vergeben. Im Normalfall werden Unternehmen angesprochen, die beim Konkurrenzaufruf ein Angebot abgegeben hatten. Die Fristen der Vergabe können recht kurz sein, da Anfragen und Angebotsabgaben ohne Formalitäten (eventuell telefonisch) ablaufen. Anfragen bei Unternehmen mit augenblicklich schlechter Kapazitätsauslastung können zur Beschleunigung der Angebotsabgaben der anderen Unternehmen und deren Baubeginn beitragen.

(83) Bei kürzeren Bauzeiten (z.B. drei oder vier Monate) macht der monatliche Leistungsumfang etwa 1/4 bis 1/3 der Angebotssumme aus. Deshalb ist die Sicherheitsleistung bei kurzen Bauzeiten zu erhöhen.

(84) H. Ritterhausen: "Die kurzfristigen Finanzdispositionen" im: "Handwörterbuch der Wirtschaftswissenschaften", 2.Aufl., Köln-Opladen, S. 345 ff. H. Vormbaum: "Finanzierung der Betriebe", 2. Aufl., Wiesbaden 1971, S. 155 ff. Schönnenbeck: a.a.O., S. 99 ff.

(85) siehe: Vormbaum: a.a.O., S. 188. L. Beckmann: "Die betriebswirtschaftliche Finanzierung", 2. Aufl., Stuttgart 1957, S. 73.

(86) Heute finden noch kleine und örtliche Unternehmen bei ihren Auftraggebern recht leicht Verständnis für ihre finanziellen Nöte. Meist werden dann finanzielle Zuwendungen als Nachträge oder Zusatzleistungen verbrämt, oder aber die Qualitätsanforderungen der Leistungsbeschreibung werden gesenkt.

(87) Zur Prüfung des angemessenen Preises im Hinblick auf den Höchstpreis vgl. Kap. 4.1.

(88) "VOB Richtlinien...", S. 24.

(89) Die verschiedenen Kalkulationstechniken führen durch die andersartige Verteilung der Schlüsselkosten zu weiteren Unterschieden in der Kostenvorausschätzung.

(90) Es sei nur auf die Andersartigkeit im Denken wirtschaftlicher Unternehmen und des öffentlichen Haushaltswesens hingewiesen.

(91) Eigene Untersuchungen im Rahmen dieser Arbeit ergaben, daß innerhalb des Jahres 1968 bei 1.400 Tiefbausubmissionen (ohne Brückenbau) nur 76 Nebenangebote abgegeben wurden. Primärdaten: ibau-Nachrichten.

(92) Incitamente sind Beteiligungen der Unternehmen am Erfolg, d.h. Anreize zum billigeren Bauen; siehe: H. Jebe: "Das schwedische Beispiel der produktionsgerechten Planung mit ausdrücklicher Aufrechterhaltung des Wettbewerbs und der Versuch der Übertragung auf deutsche Verhältnisse", Düsseldorf 1969, S. 50 f.

Abbildungen

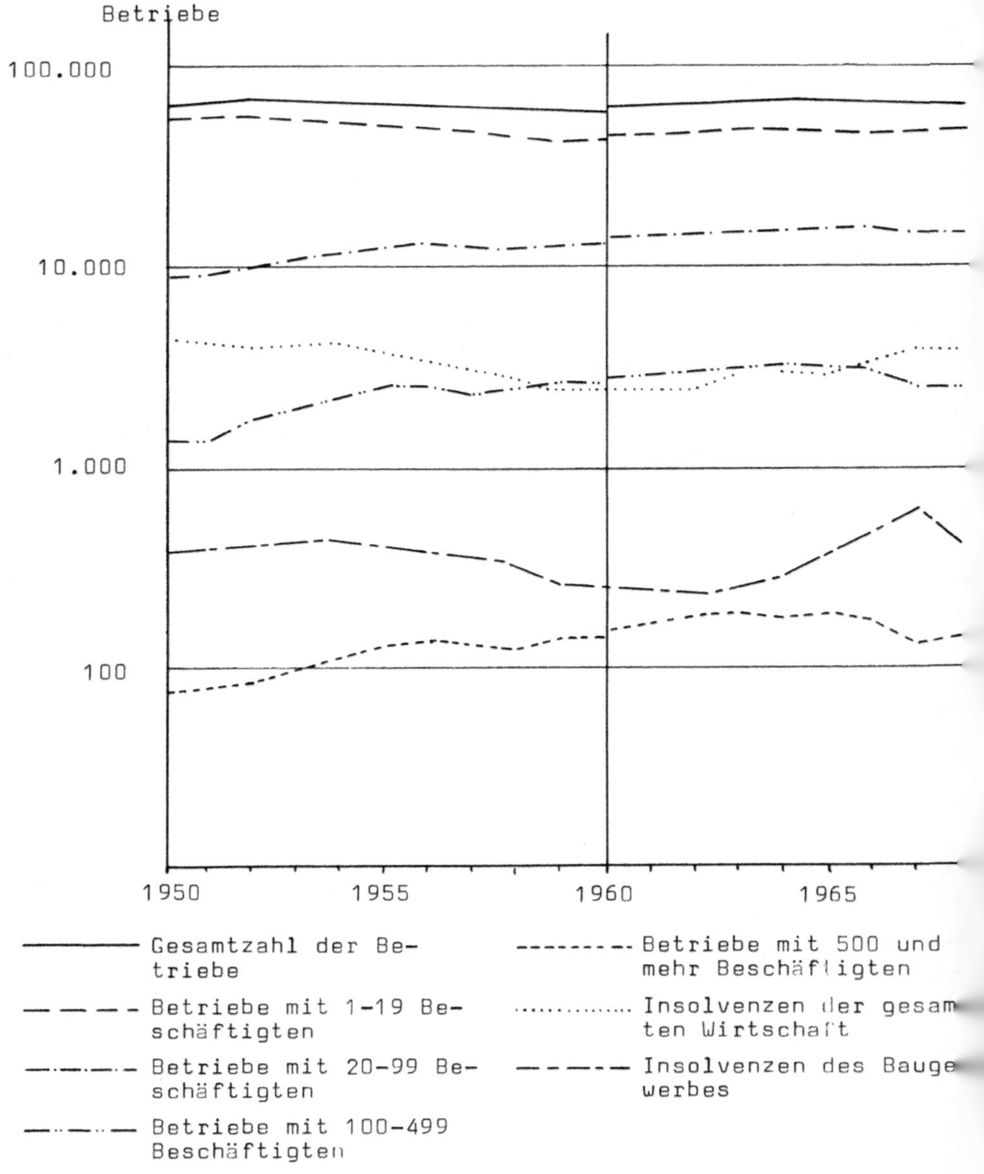

Abb. 1a: Insolvenzen der gesamten Wirtschaft und des Baugewerbes sowie Zahl der Betriebe je Betriebsgrößenklasse im Bauhauptgewerbe. Gebietsstand: BRD, ab 1960 einschließlich Saarland und Berlin. Quelle: Baustatistisches Jahrbuch

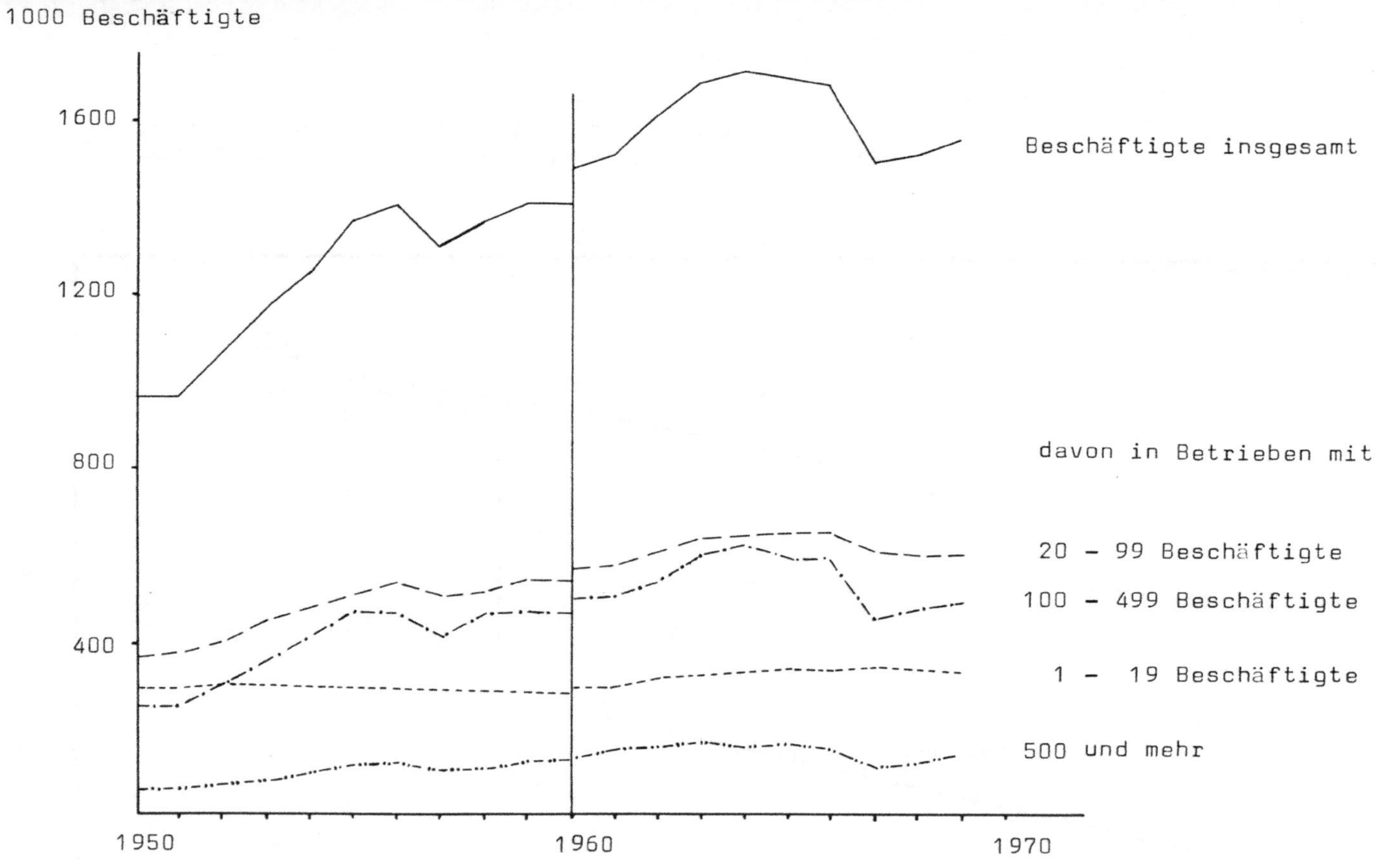

Abb. 1b: Betriebsgrößenübersicht und Zahl der Beschäftigten des Bauhauptgewerbes. Gebietsstand: Bundesgebiet, ab 1960 einschließlich Saarland und Berlin. Quelle: Baustatistisches Jahrbuch

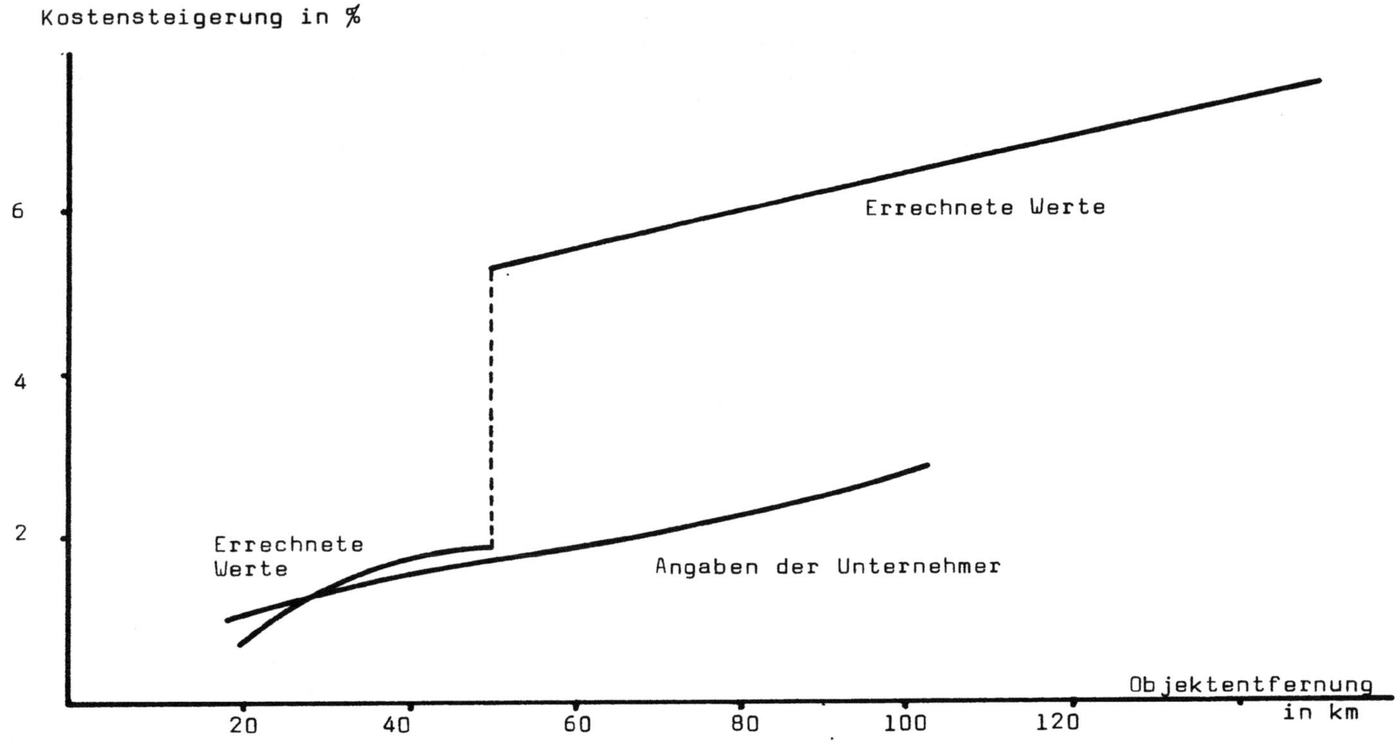

<u>Abb. 2:</u> Kostensteigerungskurve der Herstellkosten im Straßenbau in Abhängigkeit von der Objektentfernung, vgl. (6)

	Zentralverwaltung				Bauämter				
	Vergabe-volumen	Vergabearten öffent-lich %	be-schränkt %	frei-händig %	Vergabe-volumen	Vergabearten öffent-lich %	be-schränkt %	frei-händig %	Vergabe-volumen insgesamt
1965	410.244	91,2	2,4	6,4	83.537	75,0	17,7	7,3	493.781
1966	395.745	94,9	3,0	2,1	85.653	71,2	21,4	7,4	481.398
1967	323.471	92,9	4,4	2,0	57.891	70,6	22,0	7,4	381.362
1968	502.158	94,3	2,2	3,5	91.817	73,5	21,3	5,2	593.975

	Anzahl der Vergaben				Anzahl der Vergaben			
1965	482	60,8	14,1	25,1	2.947	11,7	24,6	63,7
1966	456	65,4	20,0	15,6	2.713	11,6	27,6	60,8
1967	441	60,0	19,2	20,8	2.380	10,0	31,6	58,4
1968	331	59,1	12,1	28,8	2.824	11,5	32,4	56,1

Abb. 3: Aufteilung der Vergabevolumina (in Tsd. DM) des Landschaftsverbandes Rheinland nach Vergabearten sowie Aufteilung der Zahl der Vergaben. Quelle: Angaben des Landschaftsverbandes Rheinland, vgl. Schiffers: "Parameter..." Abb. 6

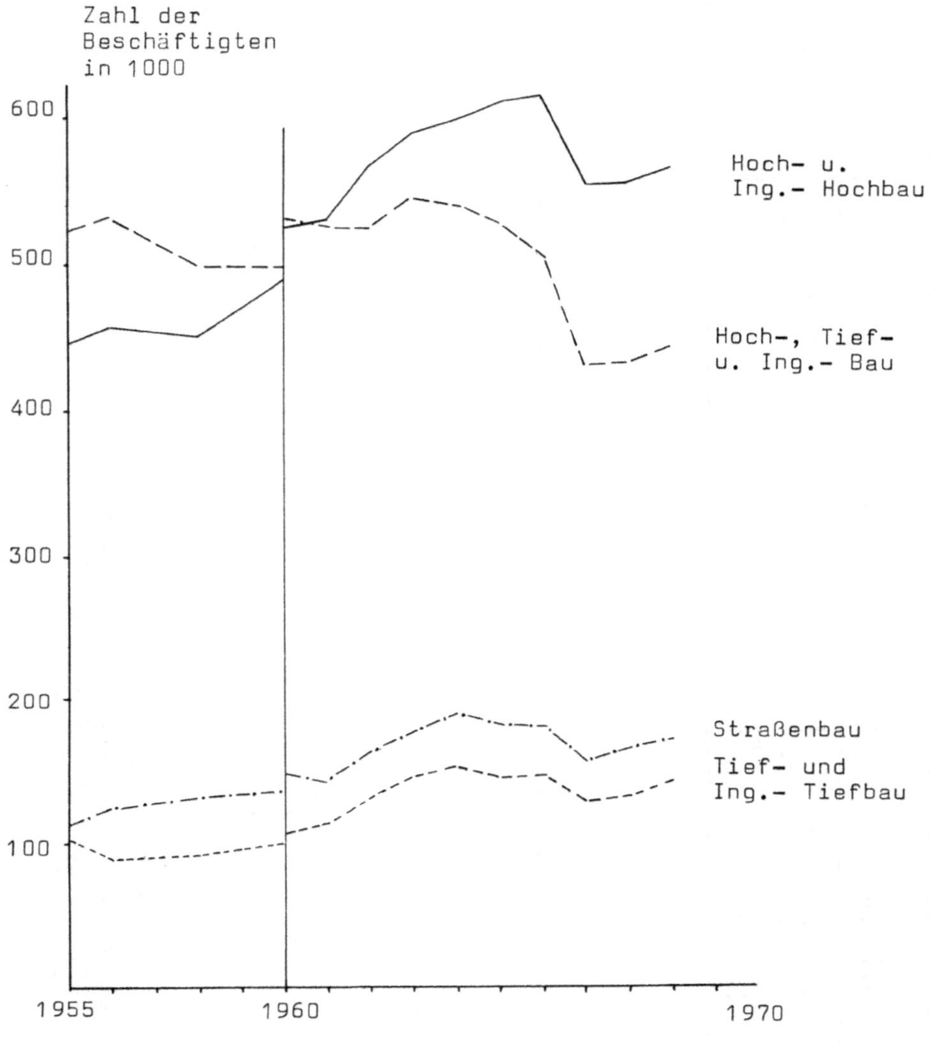

Abb. 4a: Zahl der Beschäftigten nach Betriebsarten. Gebietsstand: Bundesgebiet, ab 1960 einschließlich Saarland und Berlin. Quelle: Baustatistisches Jahrbuch

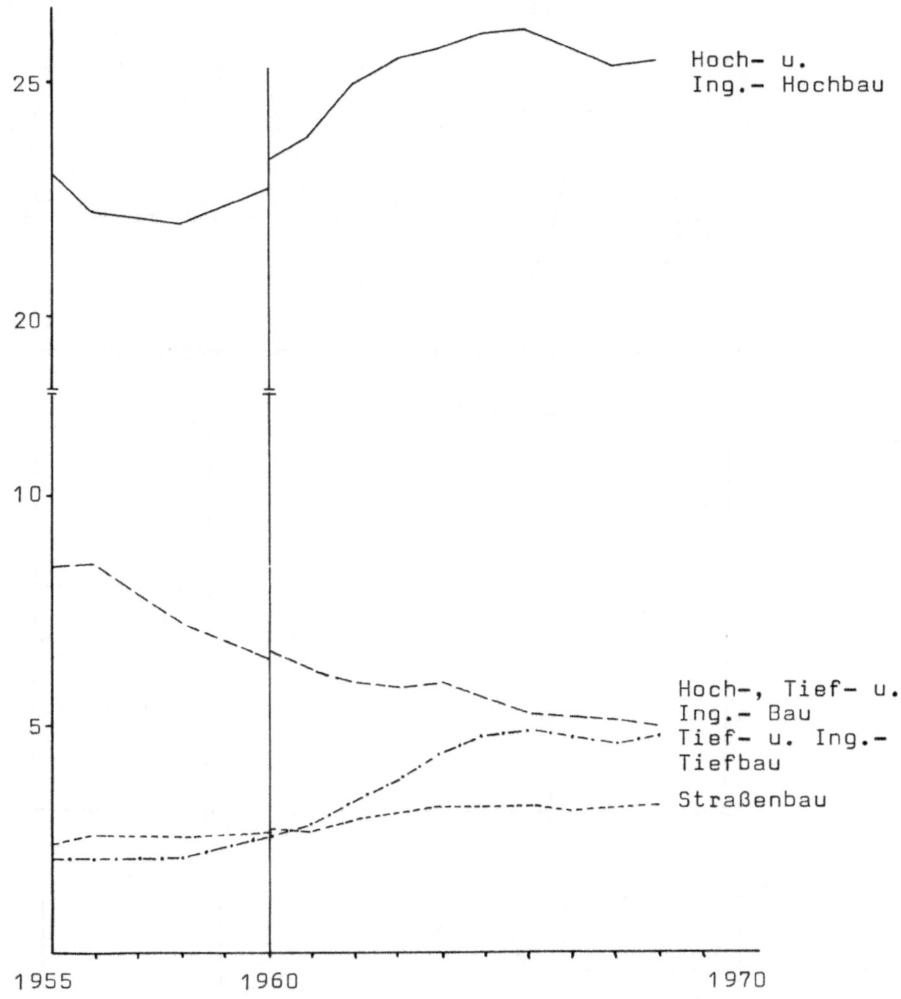

Abb. 4b: Zahl der Betriebe des Bauhauptgewerbes nach Betriebsarten. Gebietsstand: Bundesgebiet, ab 1960 einschließlich Saarland und Berlin. Quelle: Baustatistisches Jahrbuch

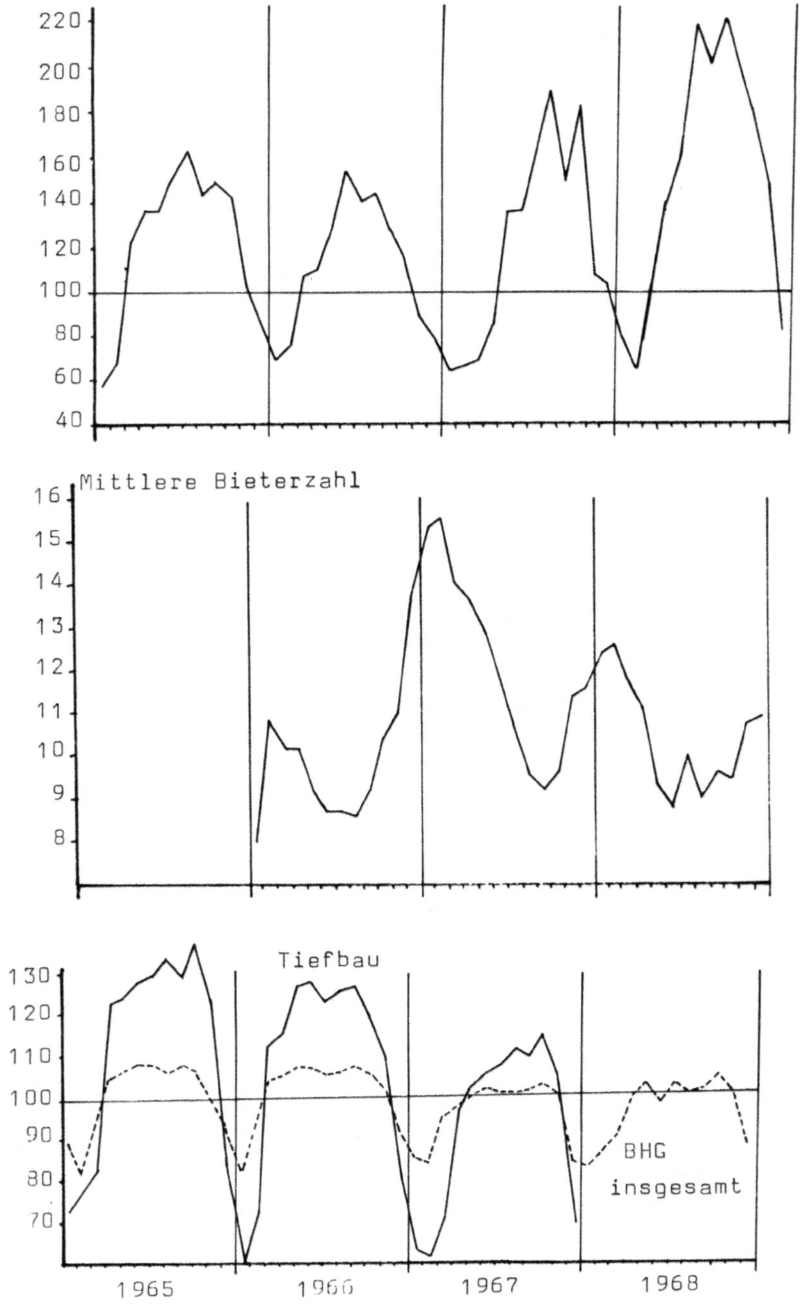

Abb. 5 oben: Tiefbauvergaben (BRD, 1962=100 %, Basis 570,8 Mio DM/Mo)
mitte: Mittlere Bieterzahl bei öffentlichen Tiefbauausschreibungen (Landesteil Nordrhein)
unten: Arbeitsstunden im Bauhauptgewerbe (BRD, 1962=100 %)
Quelle: Schiffers "Parameter..." Abb. 29, Abb. 27 und Baustatistisches Jahrbuch 1969

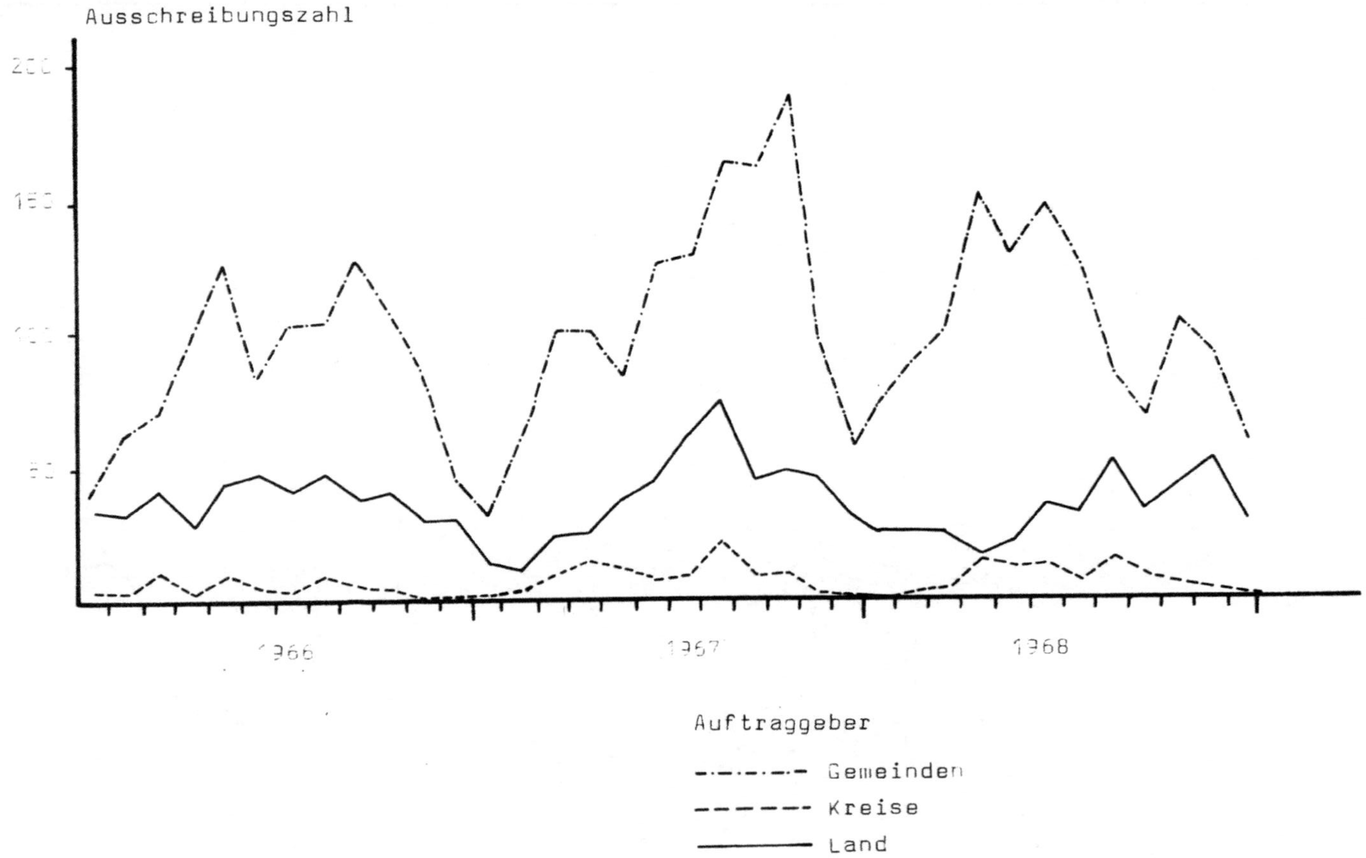

Abb. 6: Monatliche Ausschreibungszahl des Tiefbaues in den Jahren 1966 bis 1968 im Landesteil Nordrhein, aufgegliedert nach Auftraggebern. Errechnet aus ibau-Nachrichten

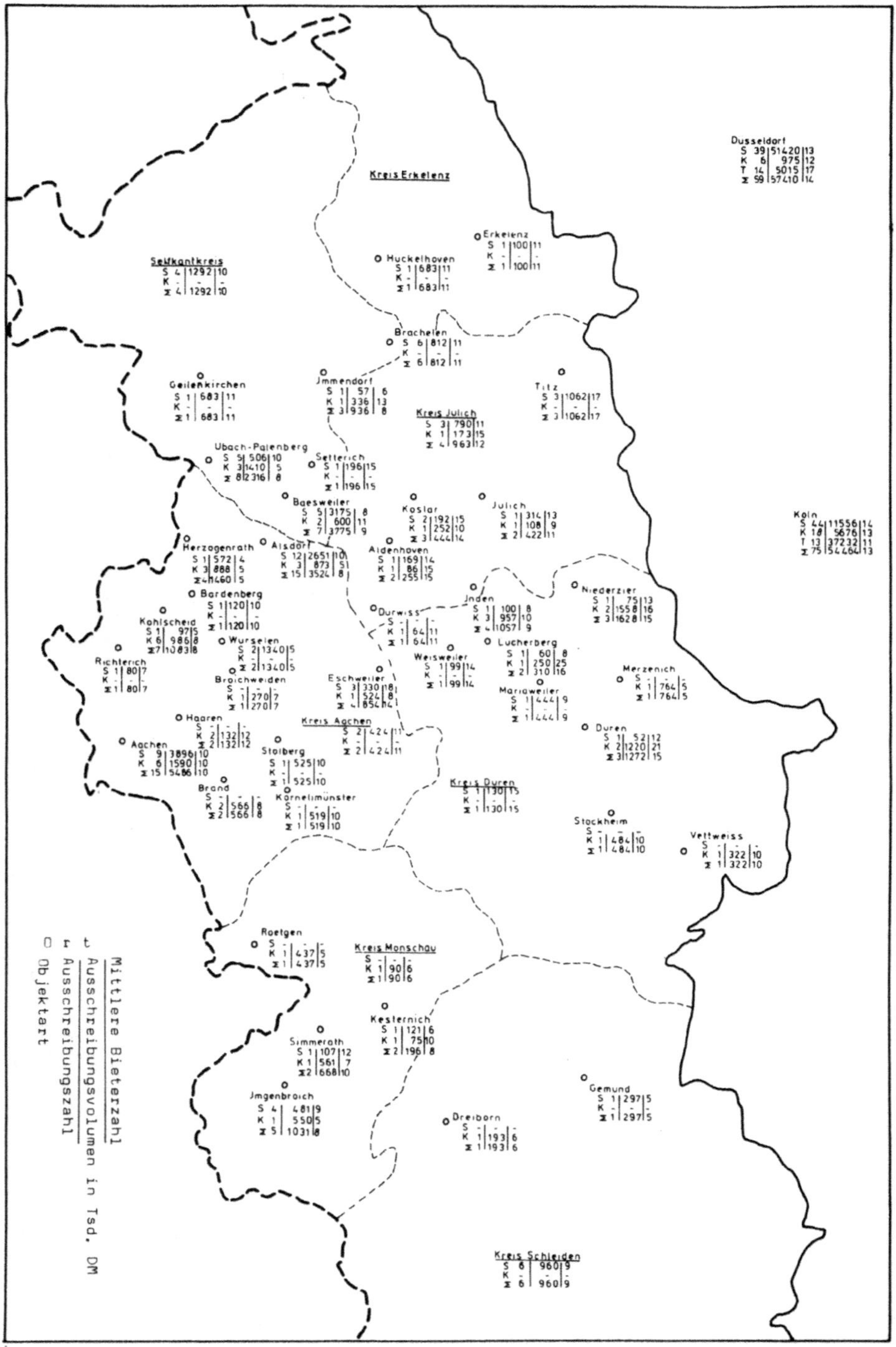

Abb. 7: Öffentliche Ausschreibungen für Tiefbauten der Kommunen des Regierungsbezirks Aachen sowie der Städte Köln und Düsseldorf im Jahr 1967 (S=Straßenbauten, K=Kanalisationsbauten, T=Sonstige Tiefbauten, Σ=Summe aller Tiefbauten). Errechnet aus ibau-Nachrichten

	Bund	Länder	Gemeinden	Gemeinde-Verbände	Sonstige
1965	34,7	16,5	34,0	9,1	5,7
1966	38,5	16,3	29,9	9,0	5,3
1967	35,5	16,7	31,0	9,9	6,9
1968	38,2	15,5	29,8	9,2	7,3

		Auftragsvergabe insgesamt		Straßenbau		Straßenbrückenbau		Bundeswasserstr. und Häfen		Wasserwirtschaftl. Tiefbauten		Sonstige Tiefbauten	
		Tsd.DM	%	Tsd.DM	%	Tsd.DM	%	Tsd.DM	%	Tsd. DM	%	Tsd.DM	%
	Bund	3.138	100	1.668	53,2	581	18,6	134	4,3	33	1,1	721	22,8
1965	Länder	1.489	100	894	60,0	121	8,1	36	2,4	208	14,0	230	15,5
	Gemeinden	3.885	100	1.884	48,5	214	5,5	62	1,6	1.339	34,5	386	9,9
	Bund	3.138	100	1.697	54,0	591	18,8	163	5,2	41	1,3	656	20,7
1966	Länder	1.325	100	801	60,5	135	10,2	32	2,4	196	14,8	162	12,1
	Gemeinden	3.163	100	1.572	49,5	126	4,0	48	1,5	1.135	35,8	283	9,2
	Bund	3.138	100	1.789	57,0	450	14,4	183	5,8	38	1,2	678	21,6
1967	Länder	1.478	100	726	49,2	160	10,8	129	8,7	176	11,8	288	19,5
	Gemeinden	3.610	100	1.751	48,6	202	5,6	37	1,0	1.300	36,0	320	9,8
	Bund	4.119	100	2.167	52,9	707	17,0	168	4,1	36	0,9	1.047	25,1
1968	Länder	1.676	100	938	56,0	183	10,9	51	3,0	302	18,0	202	12,1
	Gemeinden	4.201	100	1.994	47,5	244	5,8	40	0,9	1.505	35,8	419	10,0

Abb. 8: Prozentuale Aufteilung des Auftragsvolumens der öffentlichen Hand nach Auftraggebern (oben) Auftragsvergaben für Tiefbauten der öffentlichen Hand gegliedert nach Objektarten (unten). Quelle: Baustatistisches Jahrbuch 1969, S. 43

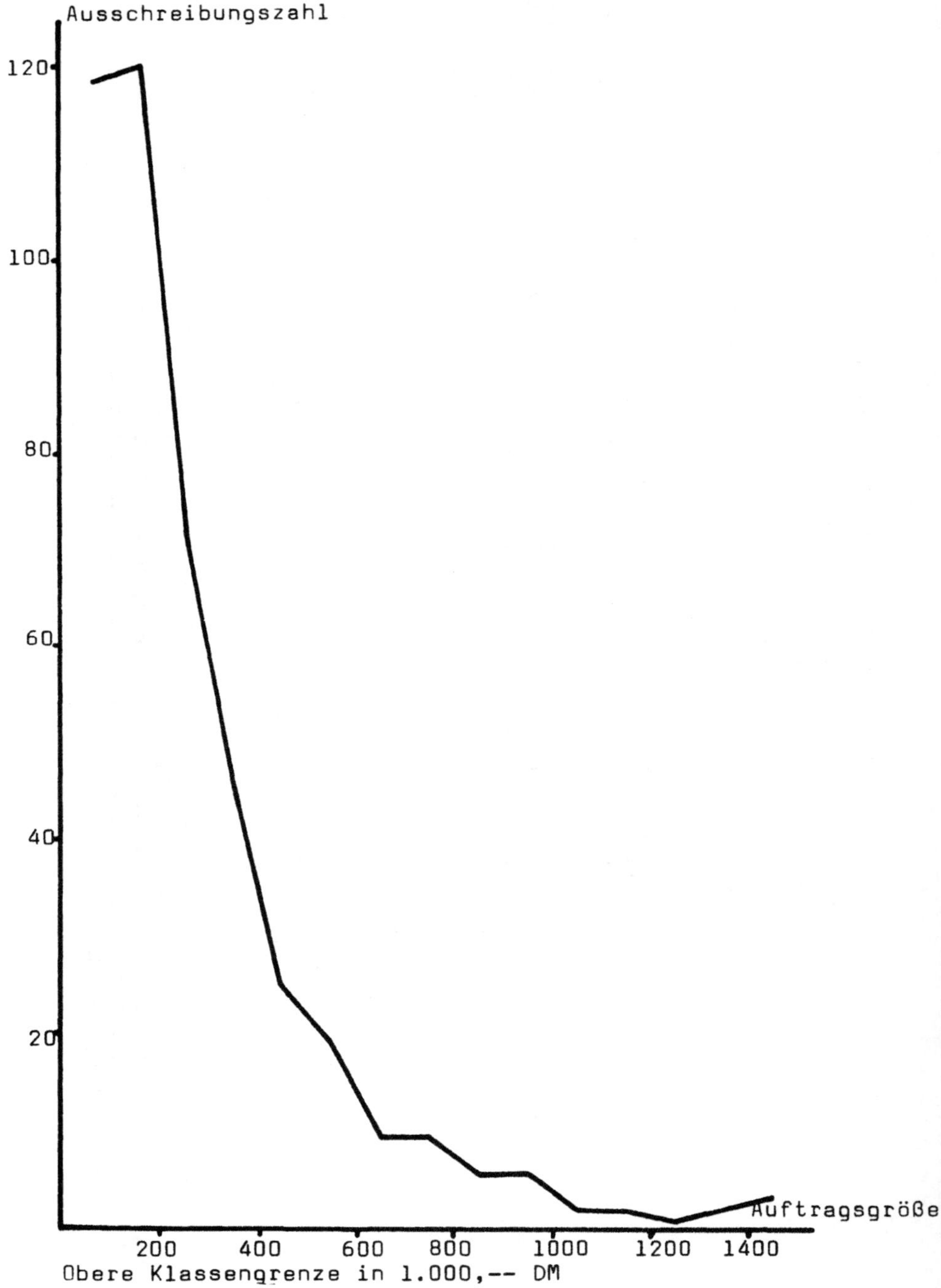

Abb. 9: Verteilung der Ausschreibungszahl der Kanalisationsbauobjekte des Jahres 1966 über die Auftragsgrößenklassen. Errechnet aus ibau-Nachrichten, vgl. Schiffers: "Parameter...", Abb. 14

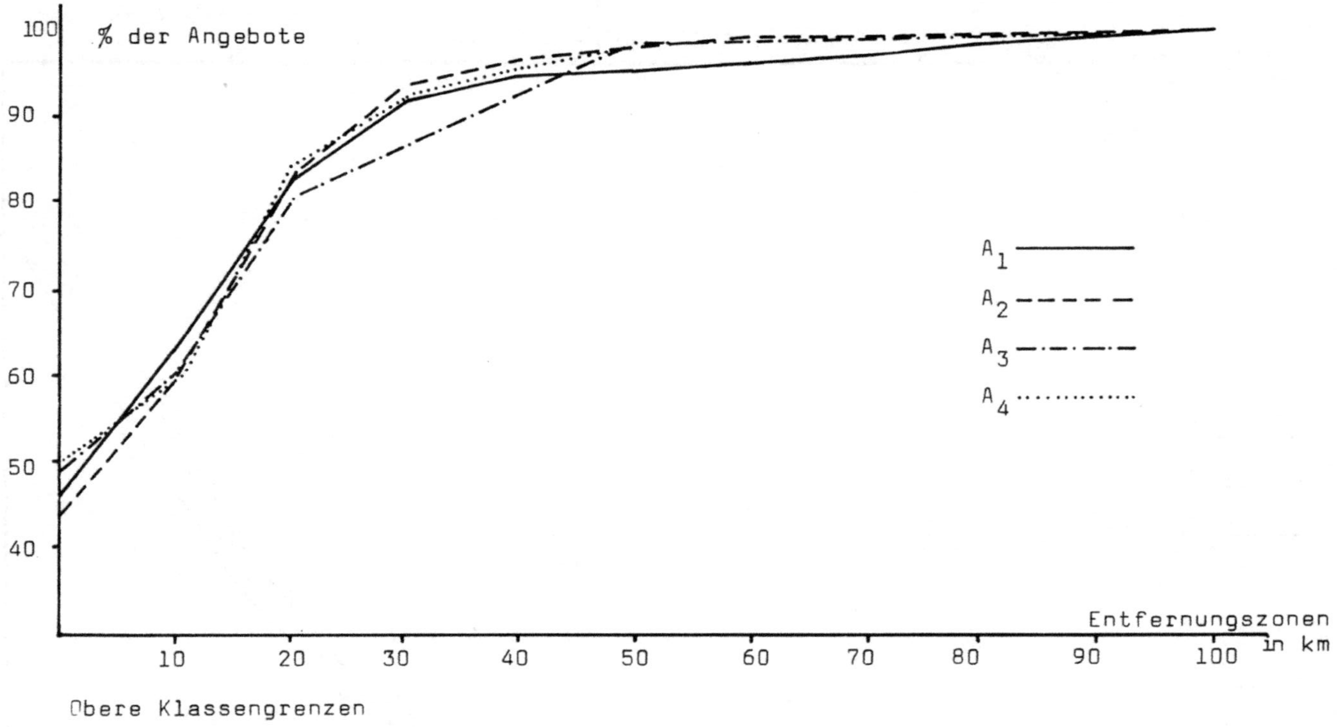

Abb. 10a: Der Zusammenhang zwischen Objektentfernung und Angebotsabgabe im Stadtstraßenbau (Klasseneinteilung siehe (34)). Errechnet aus ibau-Nachrichten

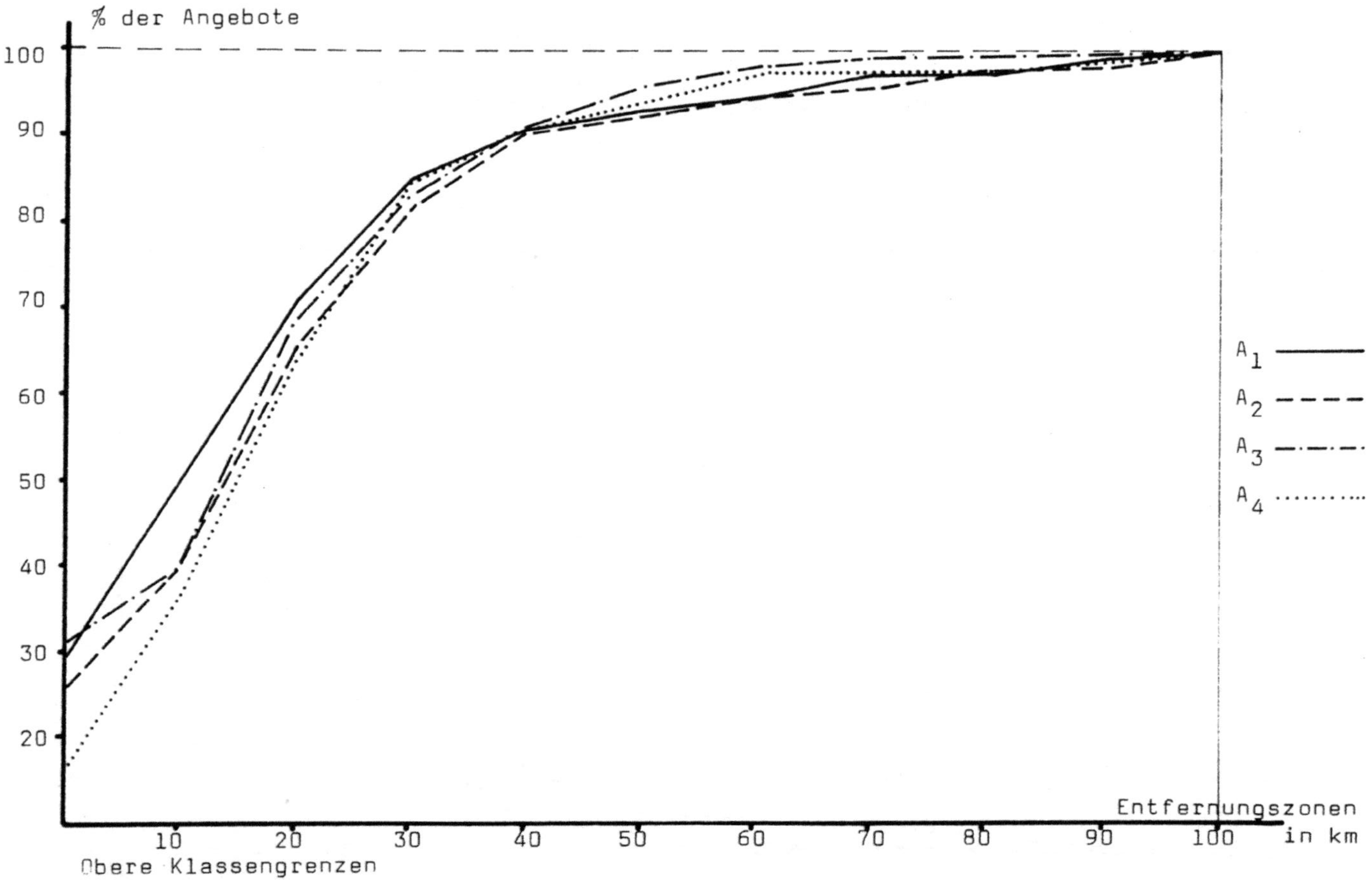

<u>Abb. 10b:</u> Der Zusammenhang zwischen Objektentfernung und Angebotsabgabe im Kanalisationsbau (Klasseneinteilung siehe (34)). Errechnet aus ibau-Nachrichten

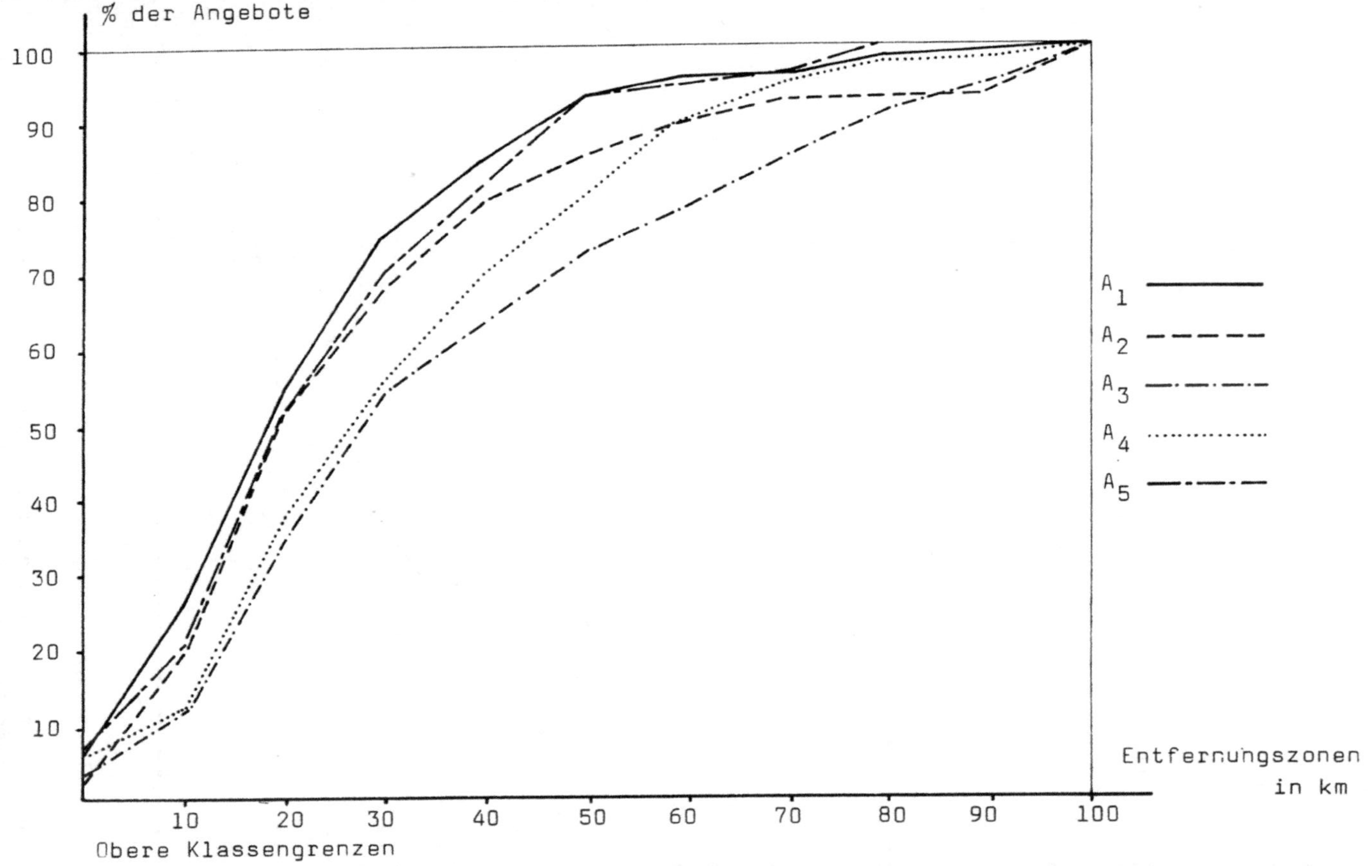

Abb. 10c: Der Zusammenhang zwischen Objektentfernung und Angebotsabgabe im Landstraßenbau (Klasseneinteilung siehe (34)). Errechnet aus ibau-Nachrichten

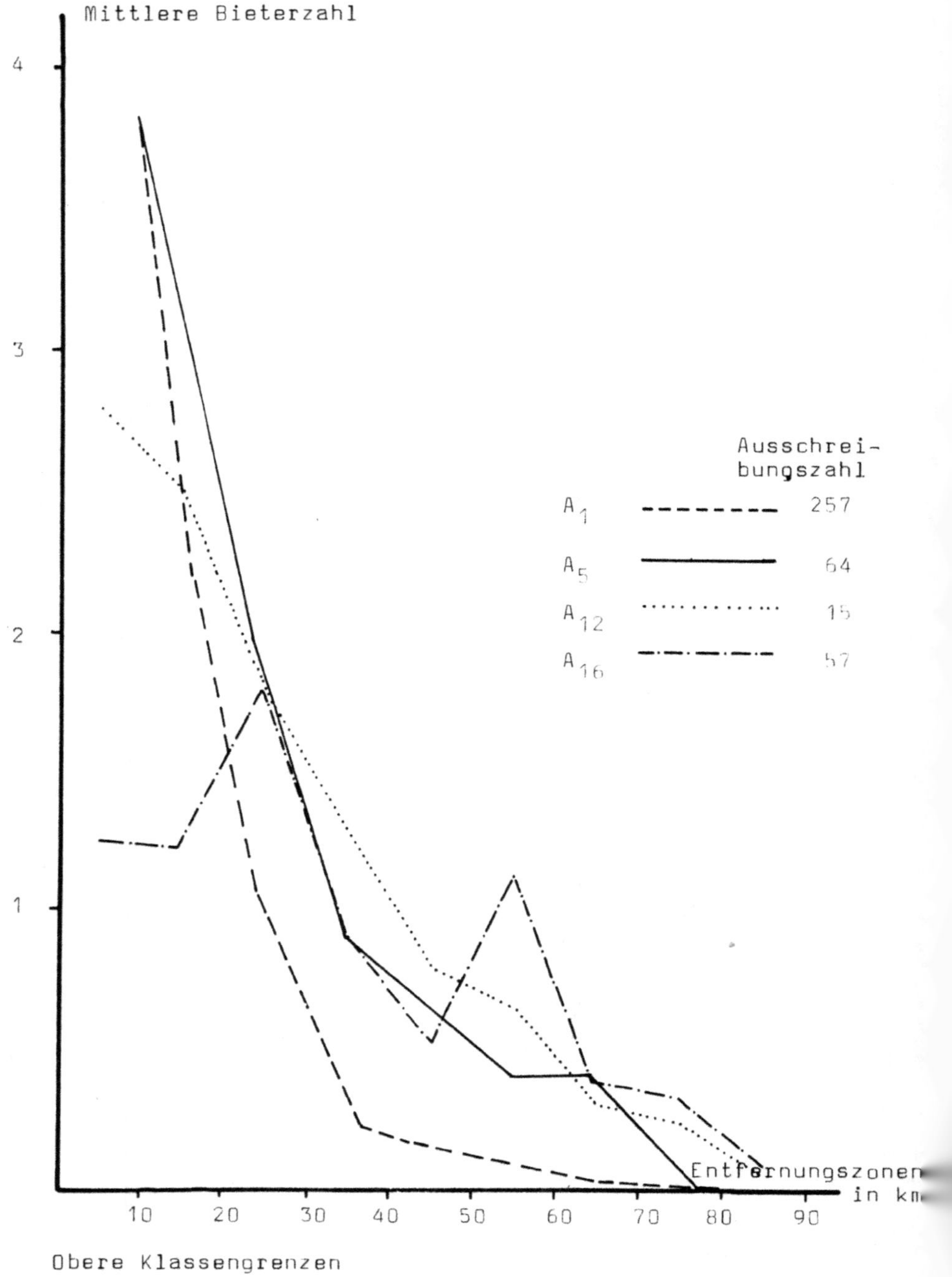

Abb. 11a: Die mittlere Bieterzahl aus den Entfernungszonen in Abhängigkeit von der Auftragsgröße im Straßenbau im Jahr 1966 im Landesteil Nordrhein (Klasseneinteilung siehe (34)). Errechnet aus ibau-Nachrichten

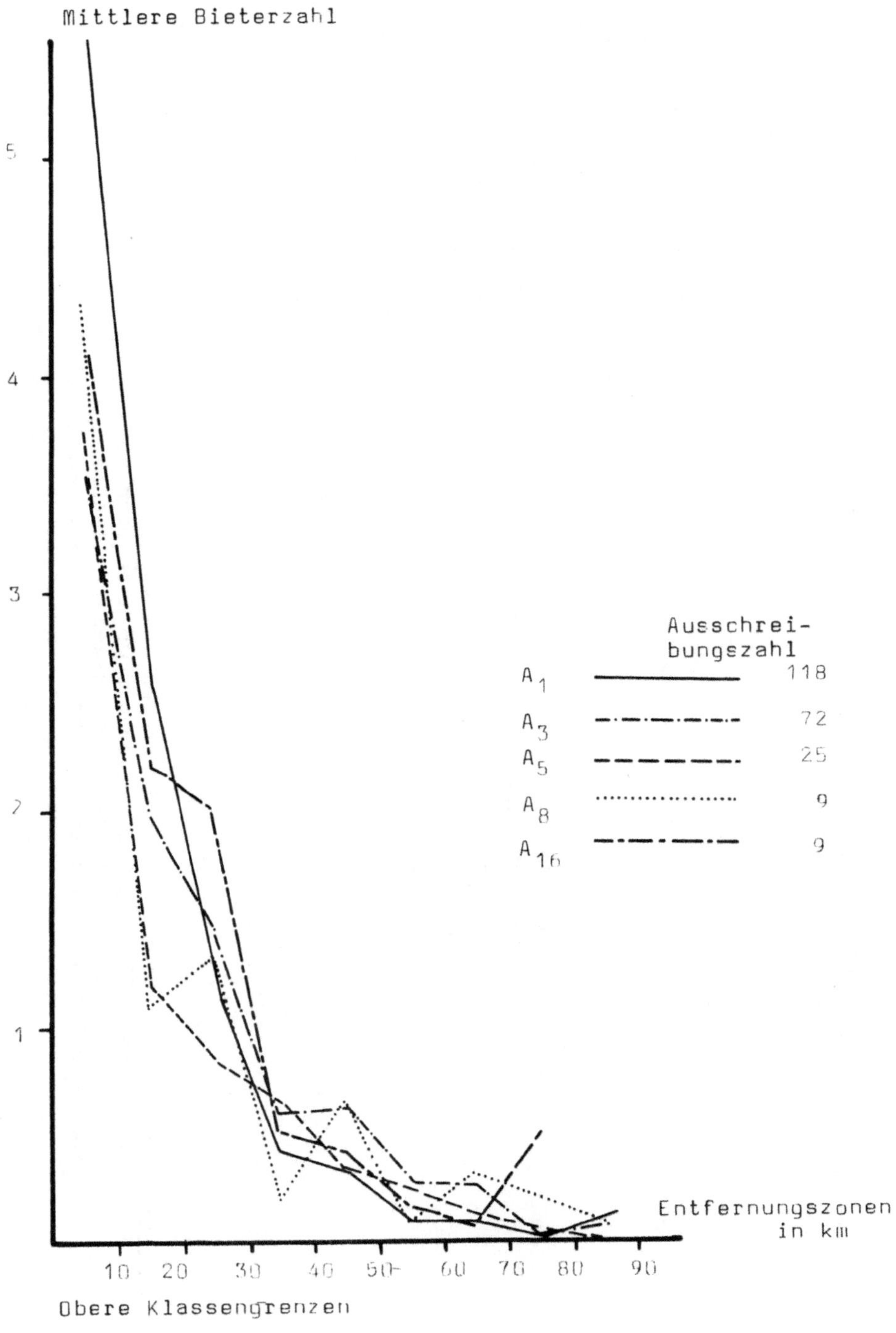

Abb. 11b: Die mittlere Bieterzahl aus den Entfernungszonen in Abhängigkeit von der Auftragsgröße im Kanalisationsbau im Jahr 1966 im Landesteil Nordrhein (Klasseneinteilung siehe (34)). Errechnet aus ibau-Nachrichten

Auftragsgrößen-klassen	Entfernungszonen (e_{max} in km) E_1 10	E_2 20	E_3 30	E_4 40	E_5 50	E_6 > 50
1	4,91	2,14	1,06	0,32	0,21	0,31
2	4,38	2,36	1,11	0,52	0,31	0,62
3	4,40	2,31	1,49	0,83	0,43	0,63
4	4,77	2,27	1,16	0,66	0,47	0,70
5	3,88	3,03	1,69	0,92	0,63	0,58
6	4,22	2,30	1,80	0,96	0,50	0,71
7	4,71	1,71	0,95	1,00	0,43	1,24
8	4,84	1,37	1,33	1,00	0,33	0,54
9	2,40	2,46	1,67	0,80	0,60	1,33
10	3,94	1,73	0,78	0,95	0,50	1,22
11	3,40	4,00	2,10	0,80	-	0,60
12	2,36	2,57	1,93	1,36	0,86	1,78
13	2,83	1,67	3,17	0,83	0,83	1,83
14	2,00	1,33	0,67	1,00	1,00	0,67
15	1,38	3,76	1,38	1,13	0,88	1,00
16	1,16	1,22	1,66	0,91	0,54	2,63

Auftragsgrößen-klassen	Entfernungszonen (e_{max} in km) E_1 10	E_2 20	E_3 30	E_4 40	E_5 50	E_6 >50
1	3,28	3,02	1,00	0,41	0,28	0,36
2	2,67	2,76	1,14	0,69	0,45	0,87
3	2,88	2,72	1,29	0,83	0,54	0,86
4	2,95	2,84	1,26	0,88	0,67	0,77
5	2,41	3,70	1,84	0,95	0,80	0,61
6	2,78	3,00	1,93	0,71	0,64	1,00
7	1,82	2,46	0,91	1,55	0,55	1,09
8	2,00	2,06	2,00	1,57	0,67	0,67
9	1,75	2,50	1,83	0,92	0,75	1,58
10	2,20	1,00	0,80	1,20	0,60	0,40
11	2,72	4,71	2,00	1,14	-	0,57
12	1,55	2,56	1,33	1,89	1,00	2,11
13	1,67	2,33	5,33	1,00	1,67	2,33
14	2,50	0,50	1,00	1,50	1,50	0,50
15	1,50	3,33	1,50	1,33	0,56	0,56
16	0,87	1,60	2,26	1,10	0,70	4,16

Abb. 12a: Die mittlere Bieterzahl bei Straßenbauausschreibungen des Jahres 1966 aufgeteilt nach der Objektentfernung der Bieter. Landesteil Nordrhein insgesamt (links); ländliche Gegenden alleine (rechts) (Klasseneinteilung siehe (34)). Errechnet aus ibau-Nachrichten

Auftragsgrößen-	Entfernungszonen (e_{max} in km)					
klassen	ε_1	ε_2	ε_3	ε_4	ε_5	ε_6
	10	20	30	40	50	> 50
1	14,50	0,50	1,00	-	-	-
2	10,43	0,78	0,33	0,23	0,11	0,11
3	16,75	-	0,75	0,25	-	-
4	13,50	0,25	2,25	-	-	-
5	18,25	0,75	1,50	0,25	0,25	0,25
6	18,00	1,00	2,00	-	-	-
7	14,00	-	1,00	-	-	-
8	12,00	2,00	1,00	-	-	-
10	15,00	1,00	0,50	-	-	-
16	8,00	-	2,00	1,00	-	1,00
1	7,60	1,60	0,80	0,20	-	-
2	8,18	3,00	0,63	o,37	-	0,27
3	9,00	2,75	0,75	0,38	-	-
4	7,00	-	-	-	-	-
5	4,00	7,00	1,00	1,00	-	-
7	4,50	2,00	3,00	1,00	-	1,00
8	3,00	1,00	-	-	-	-
9	4,50	3,00	1,50	0,50	-	0,50
12	3,00	3,00	2,00	-	-	1,00
16	0,33	0,67	0,33	-	-	-
1	4,00	1,00	-	-	-	-
2	5,17	2,00	1,17	-	-	0,66
3	5,50	1,00	0,50	-	0,50	-
4	5,00	3,00	1,00	-	-	-
5	9,00	-	1,00	-	-	-
8	7,00	-	1,00	-	-	1,00
10	10,00	-	2,00	-	-	2,00
12	9,00	1,00	2,00	-	-	1,00
16	3,08	-	1,00	-	-	1,00

Auftragsgrößen-	Entfernungszonen (e_{max} in km)					
klassen	ε_1	ε_2	ε_3	ε_4	ε_5	ε_6
	10	20	30	40	50	> 50
1	13,50	0,20	0,80	0,20	0,10	0,10
2	11,58	0,33	0,42	0,08	0,08	0,17
3	8,67	1,00	4,00	1,33	0,67	-
4	14,67	-	1,00	1,00	-	1,33
5	-	-	-	10,00	1,00	-
6	4,50	-	2,75	2,25	0,25	-
7	11,25	-	0,25	0,25	0,50	0,25
8	5,00	-	-	1,00	-	-
11	6,00	2,00	3,00	-	-	2,00
13	5,00	-	3,00	2,00	-	3,00
1	5,90	1,10	1,00	0,20	0,50	0,60
2	8,36	1,00	0,64	-	-	-
3	5,86	1,86	0,86	0,72	-	0,13
4	8,33	2,00	0,67	0,67	-	-
5	6,00	0,67	-	0,67	0,33	2,33
6	9,00	1,00	-	-	-	-
7	7,00	2,00	-	-	-	-
8	8,67	1,00	-	0,33	-	-
11	7,00	2,00	-	-	-	-
13	6,00	1,00	-	-	-	-
16	2,16	0,50	0,50	1,84	-	1,00

Abb. 12b: Die mittlere Bieterzahl bei Straßenbauausschreibungen des Jahres 1966 aufgeteilt nach der Objektentfernung der Bieter. Links: Essen (oben), Wuppertal (mitte), Aachen (unten); rechts: Düsseldorf (oben), Köln (unten). Errechnet aus ibau-Nachrichten

In der Auftragsgrößenklasse zwischen 1,3 und 1,4 Mio DM ergaben sich nur 3 Ausschreibungen

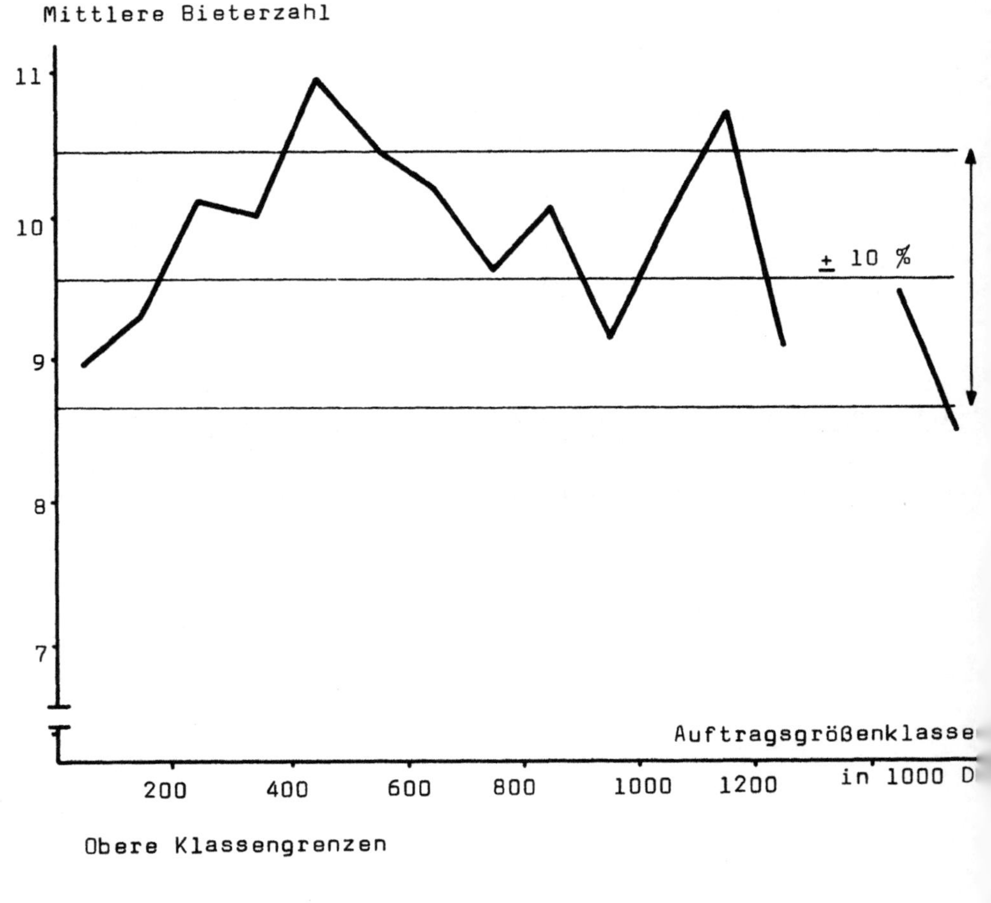

Abb. 13: Die mittlere Bieterzahl im Straßenbau insgesamt und in Abhängigkeit von der Auftragsgröße im Jahr 1966 im Landesteil Nordrhein. Errechnet aus ibau-Nachrichten

Ort	Ausschreibungen im Umkreis von [km]	Ausschreibungen Anzahl	Anzahl der Bieter, die sich an T_i % der Ausschreibungen im vorgegebenen Umkreis beteiligt haben: $50 \le T_i$	$40 \le T_i < 50$	$35 \le T_i < 40$	$30 \le T_i < 35$	$25 \le T_i < 30$	$20 \le T_i < 25$	$15 \le T_i < 20$	$10 \le T_i < 15$	$5 \le T_i < 10$
Übach	30	303	1 LK	1 GM		2 HO, PE	1 KU	1	4 NS, HM	7	24
Kohlscheid	30	219	1 LK	1 GM		3 HO, PE, KU		1 HM	4 NS, IKE	7	29
Aachen	30	220	1 LK	1 GM	1 HO	2 KU, PE			4 NS, HM	10	29
Stolberg-Vicht	30	312	1 LK	GM	1 GM	1 KU	1 PE	1 KE	4	9	29
Düren	30	447			2 KU, LK		1 HO	1 GM	1 PE	13	35
Euskirchen	30	353			1 KU			1 GS	1 IP	11 CO, HO, TB, SF, LK	33
Frechen	30	522						2 KU, TB	1 MÜ	6 ST, RB, GS, WA, SS, LK	37
Liblar	30	577					1 KU	1 TB	2 MÜ, GS	6 IP, ST, RB, SS, CB, CO	39 WA, RK, SF, HO, LK
Köln	30	538					1 TB	1 KU	1 MÜ	5 ST, GS, RB, WA, IP	39 SS, CB, LK, SF, CO
Bonn	30	455					1 TB	2 KU, GS	2 MÜ, IP	9 ST, CB, WA, RB	31
Köln	20	327				1 TB		1 MÜ	3 KU, RB, WA	11 ST, SS, CB	40
Bonn	20	239			1 GS	1 KU	2 TB, IP	3 BK	2 ST	7 CB, CO	37
Köln	10	171		1 TB		1 MÜ		3 RB, WA	3 CB	13 KU, ST	35
Bonn	10	115	1 GS			1 KU	3 IP, BK, TB	2 MÜ, HN	4 SA	10 ST, CB, CO	26
Düren	20	136		2 KU, HO			1 LK	3 GM	6	15 MÜ, SS, NO, NS	23 BB, ST, PF, PF, CO
Euskirchen	20	120		1 KU			1 SF	4 CO, GS, IP, LB	2	13 LK, SS, HO	32
Liblar	20	298					2 TB, MÜ	1 KU	3 GS, RB, WA	15 IP, SS, CO, ST, CB, SF	35

Abb. 14: Hauptanbieter örtlicher Märkte bei Tiefbauausschreibungen (Jahr 1966). Errechnet aus ibau-Nachrichten, vgl. Schiffers: "Parameter...", Abb. 19

Name des Bieters	Anzahl und Namen der Bieter, die bei F % der Submissionen als Konkurrenten der vorgegebenen Bieter auftraten						Gesamtzahl der Konkurrenten	Zahl der eigenen Gebote
	$50 \leq F_i$	$40 \leq F_i < 50$	$30 \leq F_i < 40$	$20 \leq F_i < 30$	$10 \leq F_i < 20$	$5 \leq F_i < 10$		
HO(5160)		1 LK	2 GM, KU	1 KE	18 FA, PE, NO	18	219	126
ST(5000)		1 TB		2 MÜ, IP	14 KU, SB, GS	40	257	96
LK(5122)			4 GM, HO, KU, PE		8	175	298	175
SF(5350)			2 TB, IP	3 MÜ, CO, HO	23	70	157	70
KU(5160)				4 LK, GS, CB, HO	10 MÜ	296 PE, IP, GM	668	296
IP(5300)	1 TB	1 GS		6 KU, ST, MÜ, SF	10	36	189	93
NO(5042)	2 HO, KU	3 LK, FA, SV	2 KE, SF	7	22	30	104	30
PF(5194)	2 HO, KE	2 LK, FA		6 SF, KU	5		66	31
DO(5132)		3 LK, GM, HO	2 HM	3	18		96	36
MÜ(5020)	1 TB		2 WA, SB	4 FR, ST, BA, RB	17 SF, IP, KU, SS	23	234	121
TB(5000)			1 MÜ	4 IP, WA, ST, SW	17 TR, GS, SF, KU, RB	20	322	190
GS(5300)		1 KU	1 IP	3 TB, HN, BK	17 CB, ST, SF, CO, SS, SF	27	264	109
PE(5100)	2 LK, GM		2 KU, NS	4	17		168	76
GM(5100)	2 LK, PE	1 HO		5 KU, NS	14		153	93
RB(5000)			1 MÜ	6 TB, HK, SS, KU, SB	23		201	71

Abb. 15: Hauptkonkurrenten von Tiefbauunternehmen in Abhängigkeit von der Häufigkeit des Konkurrenzfalls (in %) sowie Gesamtzahl der Konkurrenten (Jahr 1966). Errechnet aus ibau-Nachrichten

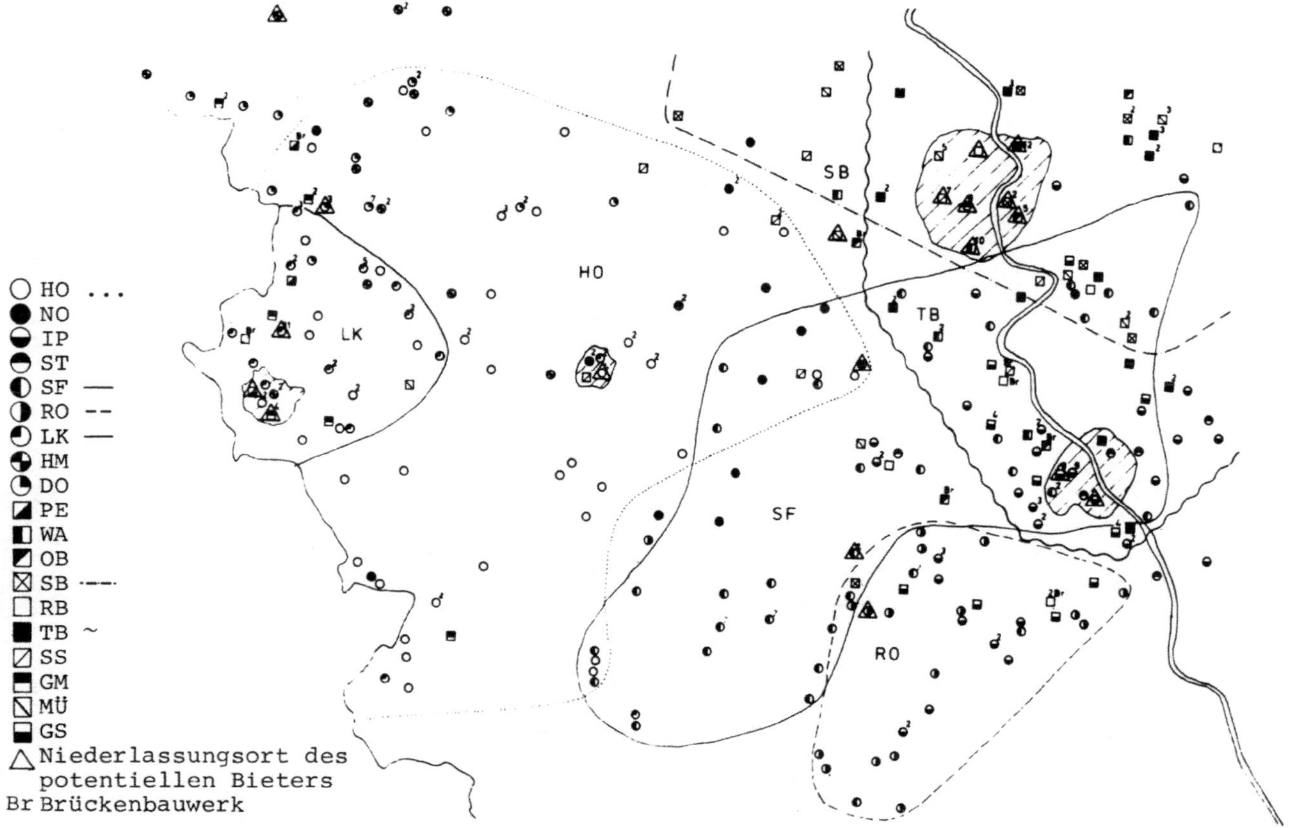

Abb. 16: Auftragsorte von potentiellen Bietern des linksrheinischen Tiefbaumarktes (Aachen-Köln) in den Jahren 1966 bis 1968 (die Zahlen geben die Auftragszahl eines Bieters pro Ort an, wenn sie 1 überschreitet). Primärdaten: ibau-Nachrichten

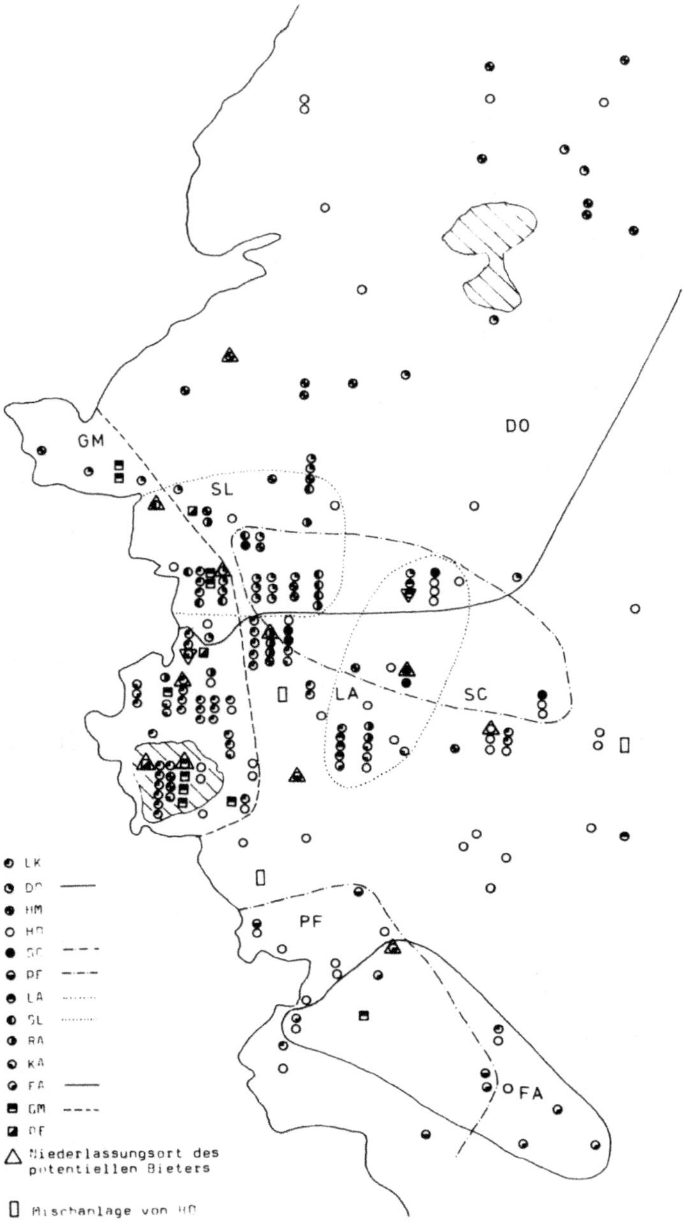

Abb. 17: Auftragsorte von potentiellen Bietern des Aachener Tiefbaumarktes in den Jahren 1966 bis 1968. Primärdaten: ibau-Nachrichten

Unter-nehmen	Ort	AUFTRAGGEBER					
		Kommunen (Reg.markt Aachen)		Kreise (Reg.markt Aachen)		sonstige öffentliche Auftraggeber	
		Niedrigst-gebote	sonstige Gebote	Niedrigst-gebote	sonstige Gebote	Niedrigst-gebote (Nordrhein)	sonstige Gebote (Reg.m.AC)
AN	5141	3	13	1	2	3	4
BO	5100	2	20	-	4	-	-
BE	5173	11	42	-	8	-	7
BH	5123	1	35	-	-	-	-
DO	5132	10	43	1	16	7	10
DR	5100	4	13	-	-	-	-
FL	5138	10	33	-	1	3	5
FR	5138	4	15	2	4	3	5
GM	5100	10	65	-	6	1	3
GR	5100	1	17	-	6	-	4
HE	5138	4	23	-	3	7	8
HO	5160	5	47	-	4	9	9
HS	5100	3	15	-	3	-	1
KF	5100	1	10	-	-	2	8
KO	5180	5	19	1	1	6	4
KT	5160	-	9	-	1	-	-
KU	5160	3	26	-	-	8	2
LI	5159	5	7	-	-	2	1
LA	5170	8	27	1	4	8	4
LK	5122	22	155	4	14	1	9
MO	5160	2	16	-	1	1	-
ML	5182	2	23	1	7	1	4
MA	5100	7	34	-	-	-	2
NS	5109	2	6	-	-	-	-
PF	5194	5	11	-	4	-	2
PE	5100	3	35	-	-	-	1
SU	5170	3	22	-	-	-	2
SH	5152	4	10	1	2	3	2
SZ	5521	2	34	-	-	-	1
TB	5101	7	35	2	4	1	5
TH	4150	7	31	-	3	15	11
TS	5141	5	11	-	3	3	-
WI	5130	2	11	-	-	1	-

Abb. 18: Häufigkeit der Angebote und Niedrigstgebote der Tiefbauunternehmen des Regionalmarktes Aachen (ehemaliger Regierungsbezirk und Randgebiete) bei öffentlichen Ausschreibungen aufgeteilt nach Auftraggebern (Jahr 1969, Primärdaten: ibau-Nachrichten)

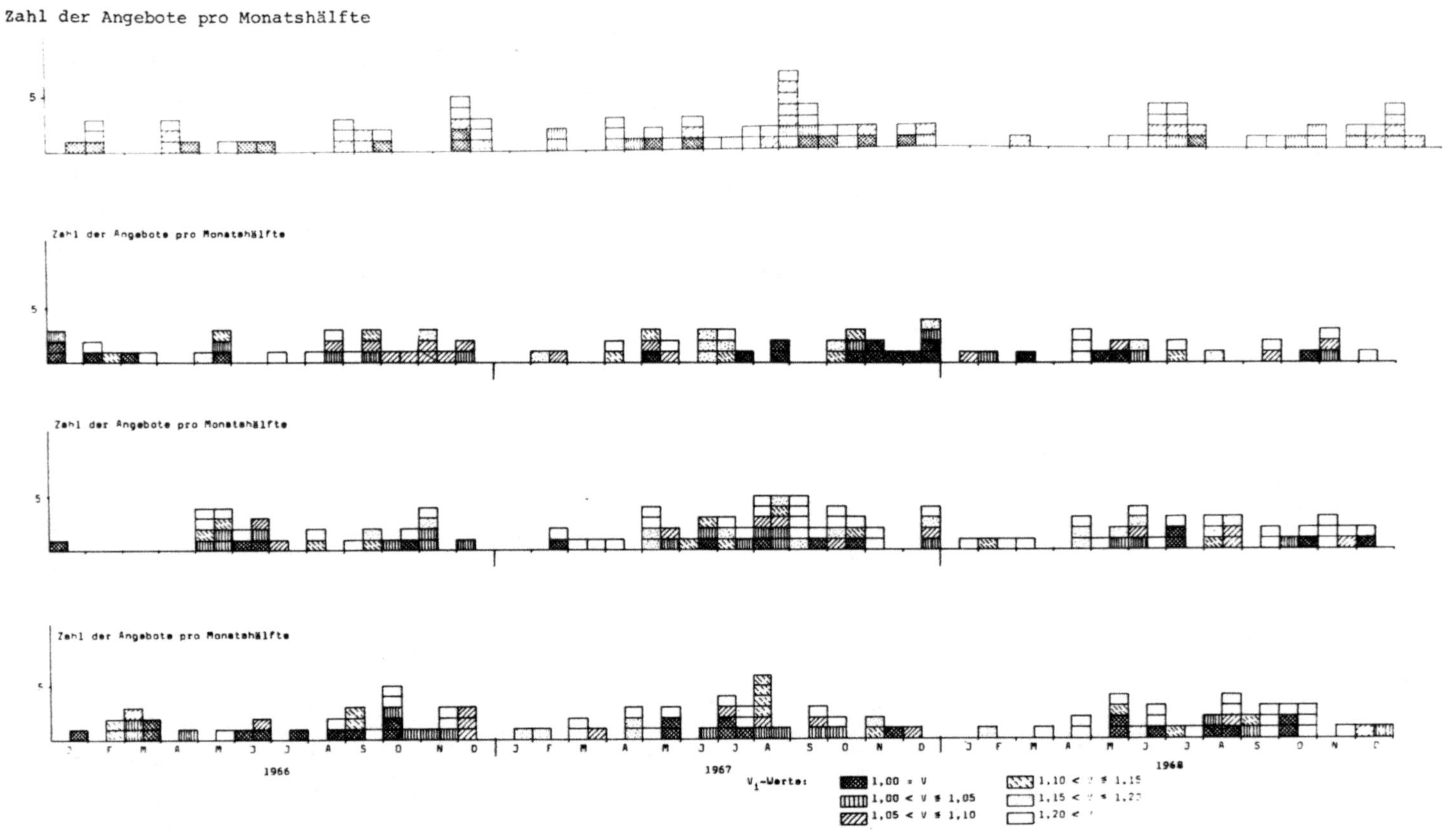

Abb. 19a: Die Verteilung der Angebote und ihrer V_i-Werte (eigener Preis zum Niedrigstgebot) über den Zeitablauf für kleine Bauunternehmen oben: RO, mitte oben: FA, mitte unten: PF, unten: NO. Errechnet aus ibau-Nachrichten

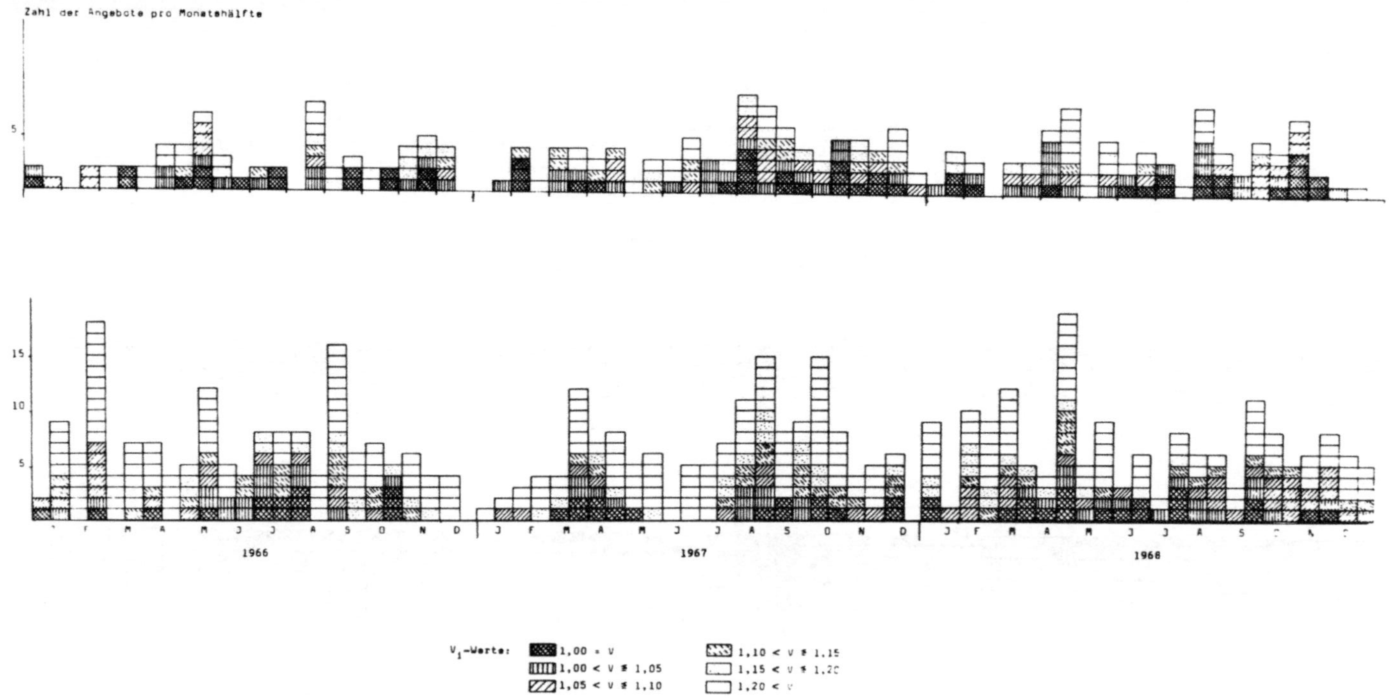

Abb. 19b: Die Verteilung der Angebote und ihrer V_i-Werte (eigener Preis zum Niedrigstgebot) über den Zeitablauf für mittlere und größere Unternehmen für: oben: SF, unten: LK. Errechnet aus ibau-Nachrichten

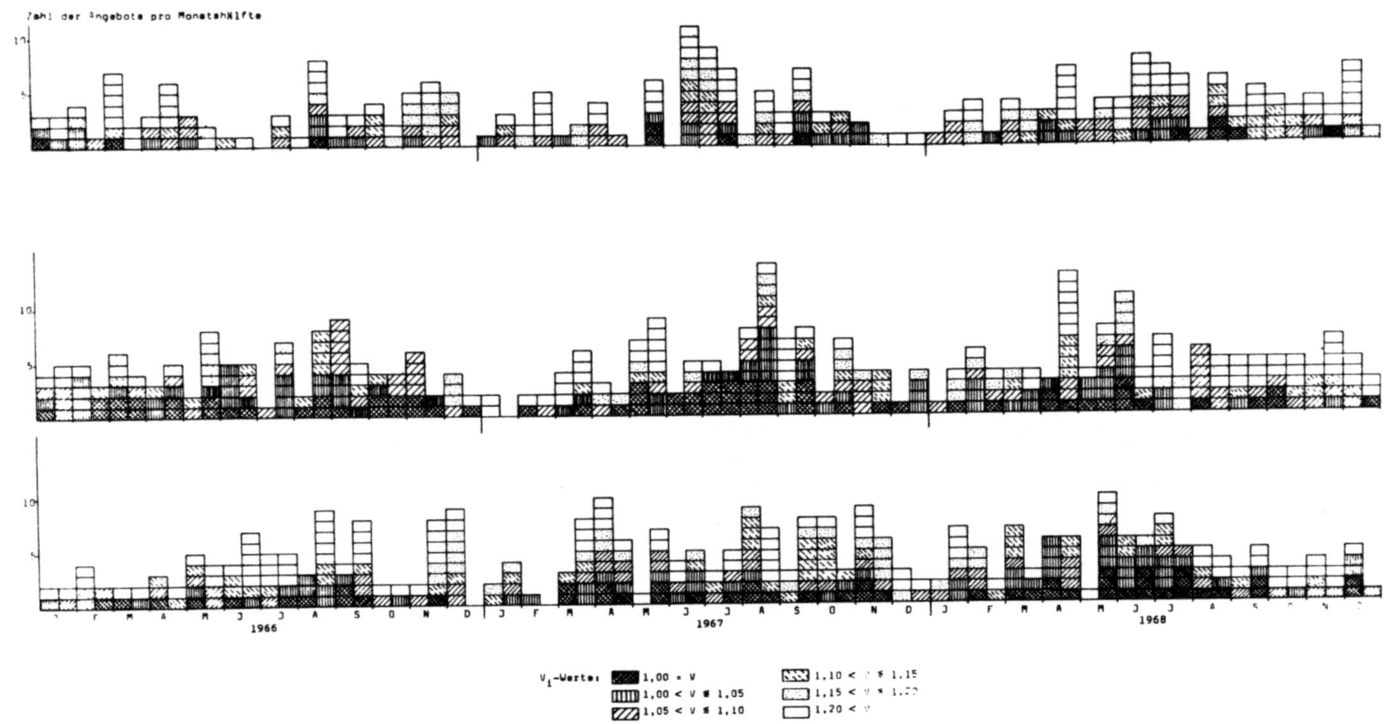

Abb. 19c: Die Verteilung der Angebote und ihrer V_i-Werte (eigener Preis zum Niedrigstgebot) über den Zeitablauf für: oben: ST, mitte: HO, unten: IP. Errechnet aus ibau-Nachrichten

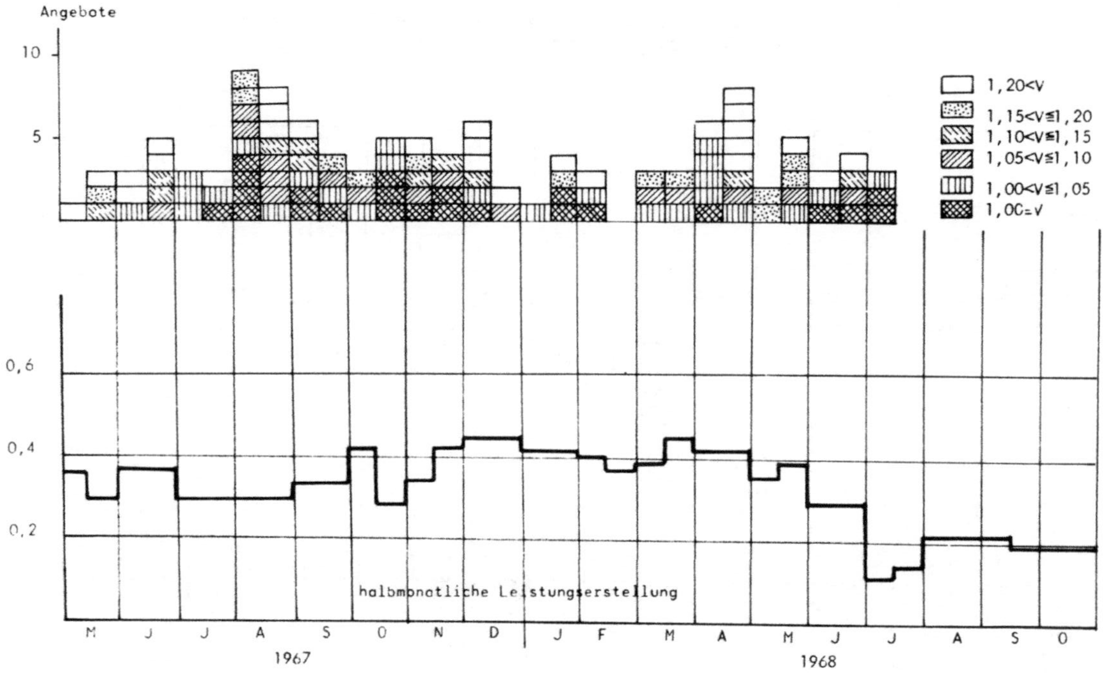

Abb. 20a: Abhängigkeit zwischen der Kapazitätsauslastung, der Zahl der abgegebenen Angebote und deren V_i-Wert für ein Tiefbauunternehmen. Errechnet aus ibau-Nachrichten

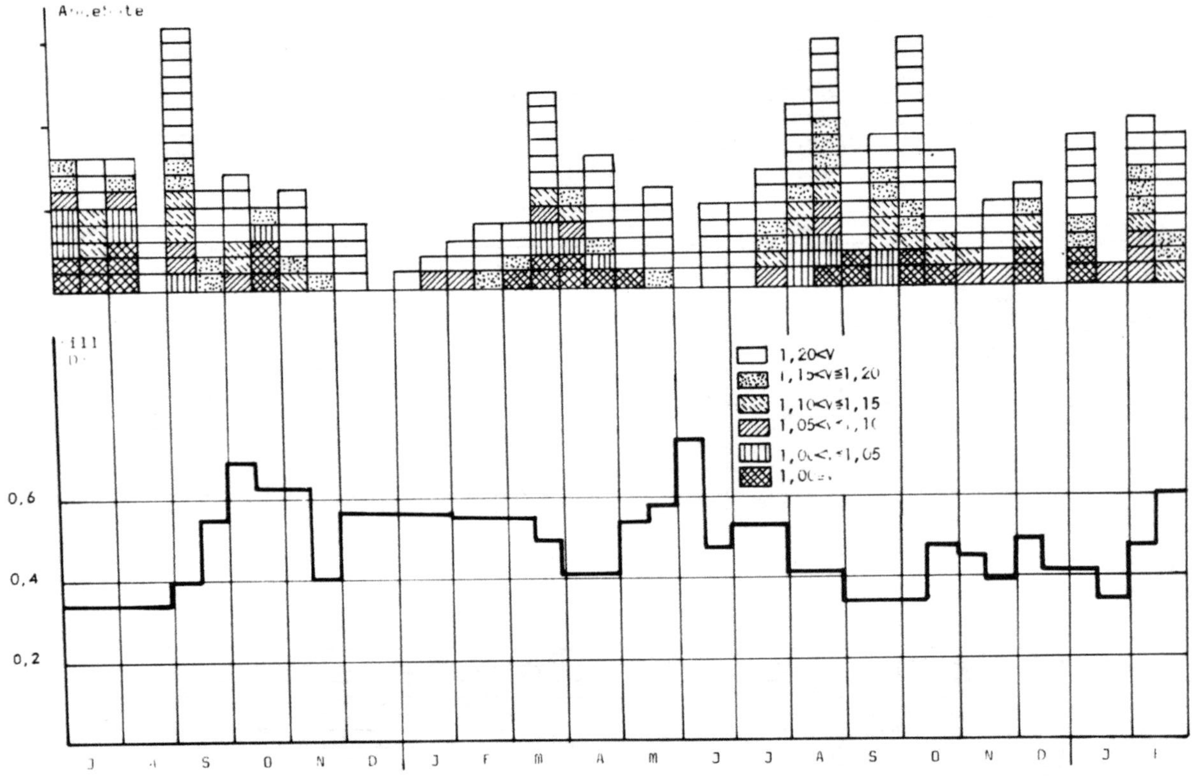

Abb. 20b: Abhängigkeit zwischen der Kapazitätsauslastung, der Zahl der abgegebenen Angebote und deren V_i-Wert für ein Tiefbauunternehmen. Errechnet aus ibau-Nachrichten

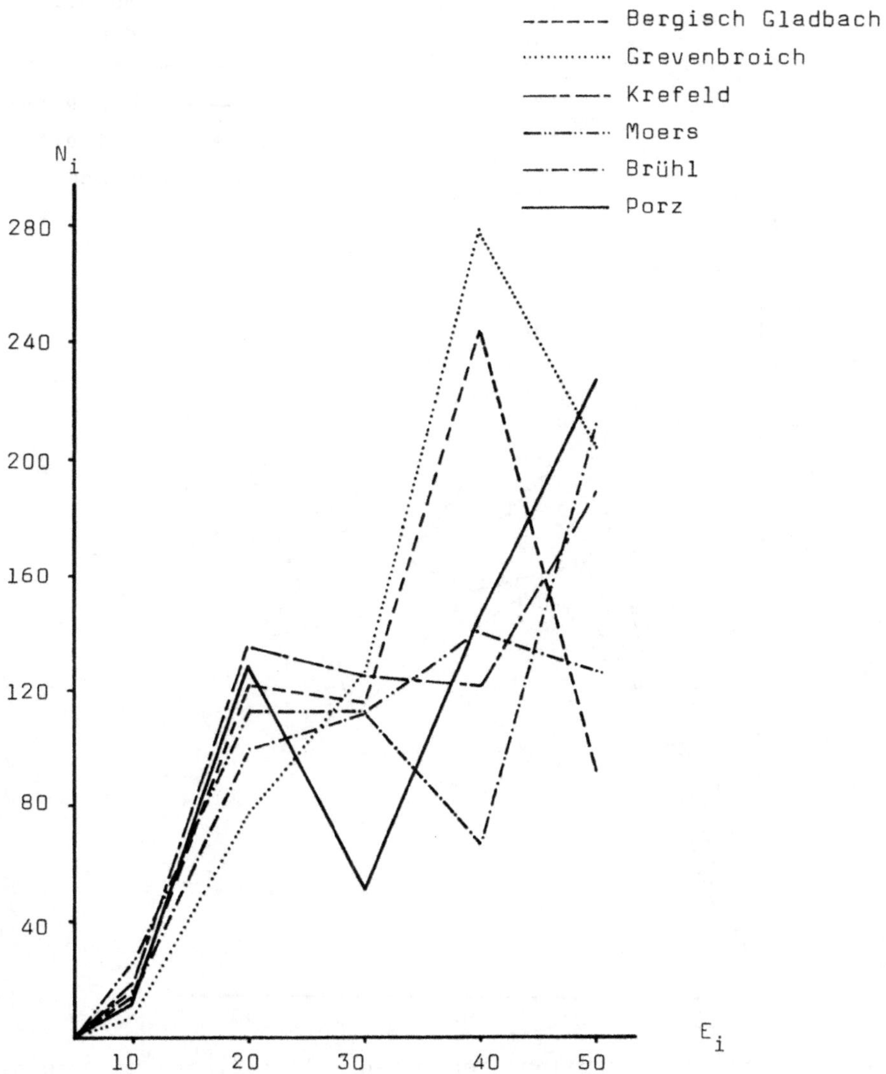

Abb. 21a: Die Verteilung der potentiellen Bieter um Orte des Landesteils Nordrhein. Primärdaten: ibau-Nachrichten

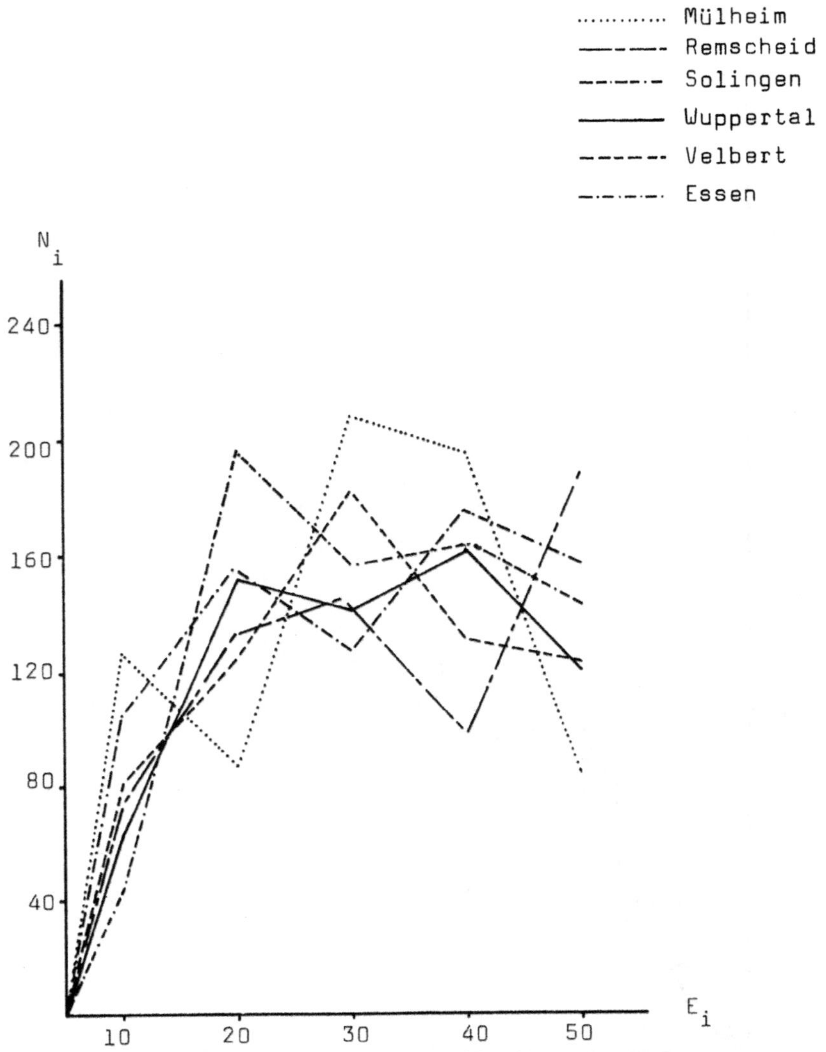

Abb. 21b: Die Verteilung der potentiellen Bieter um Orte des Landesteils Nordrhein. Primärdaten: ibau-Nachrichten

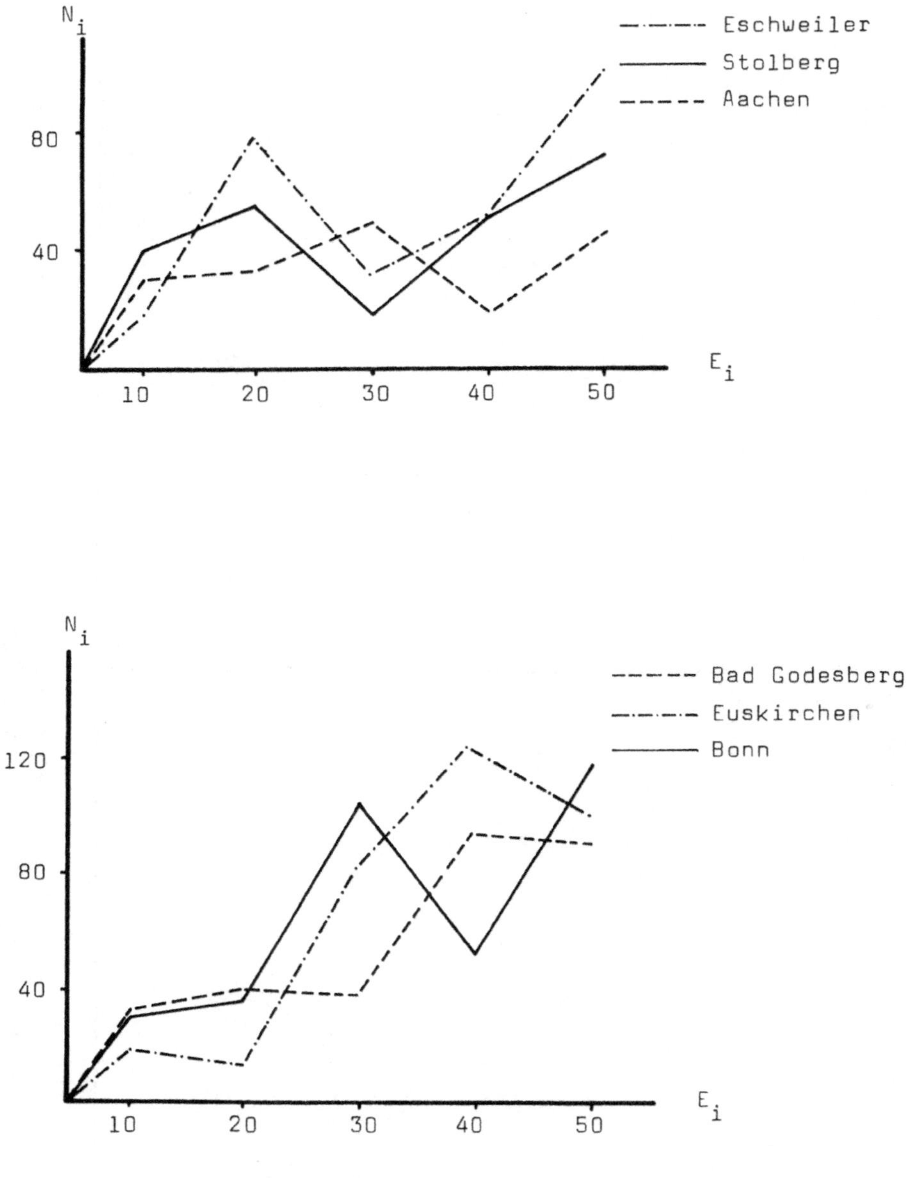

Abb. 21c: Die Verteilung der potentiellen Bieter um Orte des Landesteils Nordrhein. Primärdaten: ibau-Nachrichten

Straßenbau

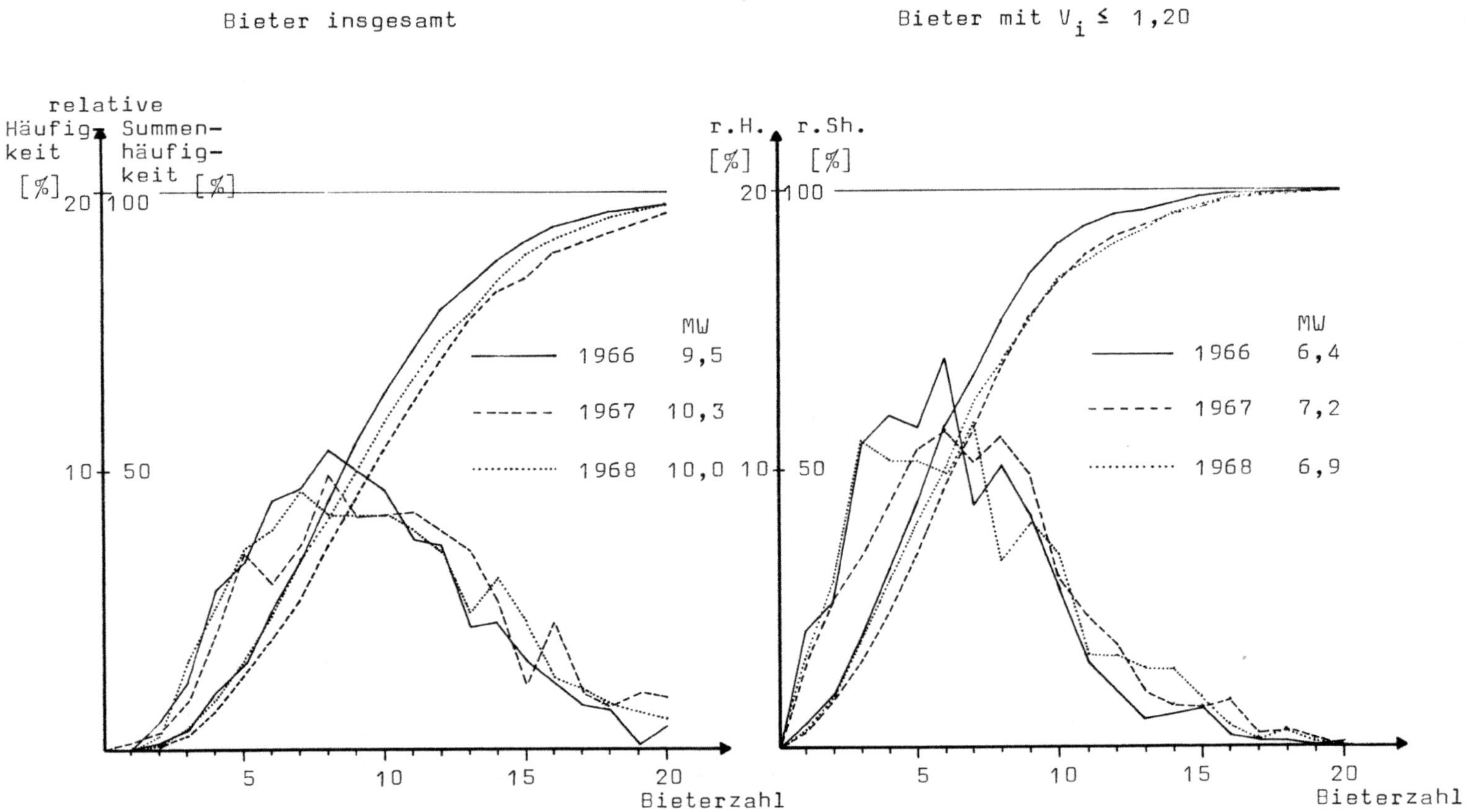

Abb. 22a: Relative Häufigkeit und relative Summenhäufigkeit der Bieterzahl insgesamt und der Bieter mit $V_i \leqq 1,20$ im Straßenbau. Primärdaten: ibau-Nachrichten

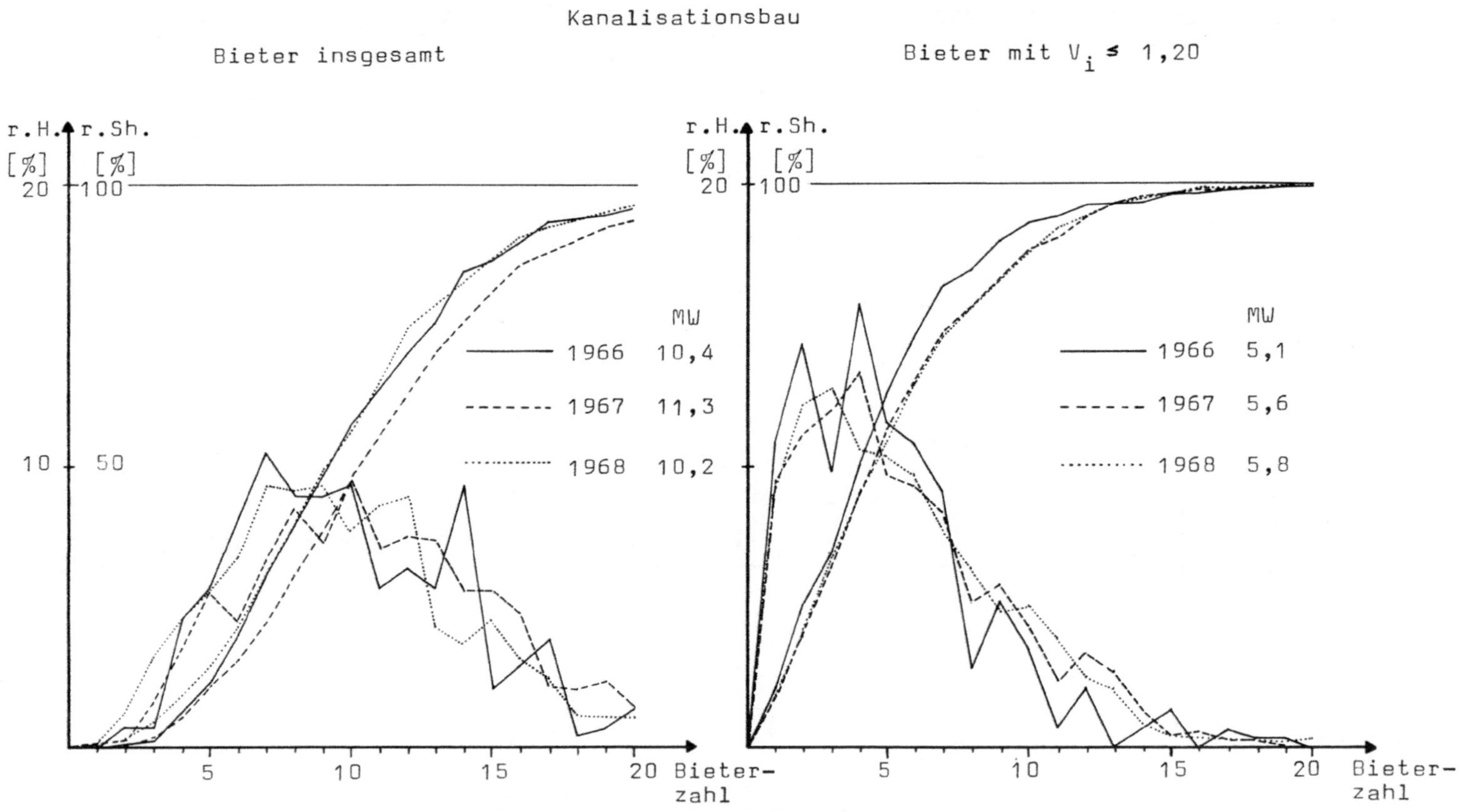

Abb. 22b: Relative Häufigkeit und relative Summenhäufigkeit der Bieterzahl insgesamt und der Bieter mit $V_i \leq 1,20$ im Kanalisationsbau. Primärdaten: ibau-Nachrichten

Firma	Position	4.2.3.1.15	4.2.3.1.27	4.2.4.1.[illegible]	4.2.4.1.7	4.2.4.1.[illegible]	4.2.4.1.9	4.5.1.1	
	Kurztext	Asphalt Feinbeton	Rohre verlegen	leichter Fels	schwerer Fels	Bodenklasse 2.23-2.26	Bodenklasse 2.22	Kanalprofil herstellen	Angebotssumme
	Menge	20	90	500	500	500	100	1640	
	Einheit	to	m	m^3	m^3	m^3	m^3	m	
1	E.P.	75,00	330,00	1,10	2,00	22,00	2[illegible],00	1280,00	5.530110,00
	G.P.	1500,00	29770,00	550,00	1000,00	11000,00	2[illegible]00,00	2.099200,00	
2	E.P.	73,50	91,60	5,00	10,00	40,00	60,00	122[illegible],00	
	G.P.	1470,00	8244,00	2500,00	5000,00	20000,00	6000,00	2.013920,00	6.[illegible]66555,40
3	E.P.	77,[illegible]0	221,60	2,55	3,[illegible]0	20,[illegible]5	35,00	990,[illegible]0	
	G.P.	155[illegible],00	19944,00	1275,00	1900,00	10425,00	3500,00	1.[illegible]26942,00	7.135229,75
4	E.P.	65,00	111,00	1[illegible],00	25,00	30,00	20,00	1255,70	
	G.P.	1300,00	9990,00	9000,00	12500,00	15000,00	2000,00	2.05934[illegible],00	7.23[illegible]1[illegible]3,00
5	E.P.	7[illegible],3[illegible]	[illegible]9,[illegible]5	5,23	9,55	41,51	4[illegible],60	751,15	
	G.P.	1479,50	6269,40	2[illegible]15,00	4775,00	20755,00	4[illegible]60,00	1.231[illegible],00	7.371[illegible]7[illegible],45
6	E.P.	6[illegible],00	154,90	0,[illegible]0	3,50	38,00	43,50	1233,00	
	G.P.	1320,00	13941,00	400,00	1750,00	19000,00	4350,00	2.022120,00	7.44[illegible]73,10
7	E.P.	[illegible]5,00	64,20	5,85	2[illegible],70	25,00	37,50	1600,00	
	G.P.	1[illegible]00,00	577[illegible],00	2925,00	13350,00	12500,00	3750,00	2.[illegible]24000,00	7.[illegible]605[illegible]5,40
8	E.P.	110,00	86,50	11,70	17,00	34,40	50,60	1500,00	
	G.P.	2200,00	77[illegible]5,00	5[illegible]50,00	[illegible]500,00	17200,00	50[illegible]0,00	2.4[illegible]0000,00	7.945113,50
9	E.P.	65,[illegible]0	1[illegible]1,95	4,60	52,20	38,90	40,35	1175,[illegible]5	
	G.P.	1316,00	13[illegible]75,50	2300,00	2[illegible]100,00	19450,00	4035,00	1.92[illegible]0[illegible]0,00	7.4[illegible]07[illegible]7,75
10	E.P.	74,34	51,92	9,[illegible]	23,00	26,57	32,72	1034,01	
	G.P.	14[illegible],60	4[illegible]72,80	4[illegible]40,0[illegible]	11500,00	132[illegible]5,00	3272,00	1.[illegible]957[illegible],40	[illegible].477154,42
11	E.P.	[illegible]5,00	79,[illegible]5	7,[illegible]	26,00	2[illegible],50	47,50	19[illegible]5,00	
	G.P.	1700,00	[illegible],50	[illegible]00,00	13000,00	14250,00	4750,00	3.255400,00	[illegible].[illegible]30424,[illegible]0
12	E.P.	[illegible]9,00	13[illegible],00	[illegible],70	40,00	30,00	50,03	14[illegible]9,00	
	G.P.	1[illegible]0,00	1224[illegible],00	4350,00	20000,00	15000,00	5000,00	2.4091[illegible]0,00	[illegible],40
13	E.P.	[illegible]0,00	57,00	7,10	1[illegible],00	60,00	60,00	1[illegible]52,00	
	G.P.	1[illegible]00,00	[illegible]130,00	355[illegible],00	[illegible]000,00	30000,00	[illegible],00	2.70[illegible],00	[illegible]
14	E.P.	[illegible]2,00	[illegible]23,40	5,55	3[illegible],45	43,10	[illegible]4,[illegible]5	19[illegible],[illegible]5	
	G.P.	[illegible]	[illegible],00	2[illegible]75,00	1[illegible]225,[illegible]	21550,00	[illegible]4[illegible]5,00	3.[illegible],00	[illegible]

Abb. 23: Preisspiegel für ausgewählte Positionen und für die Angebotssumme einer Tiefbaumaßnahme im Raum Aachen (Niedrigstpreis ~~ ; Höchstpreis —)

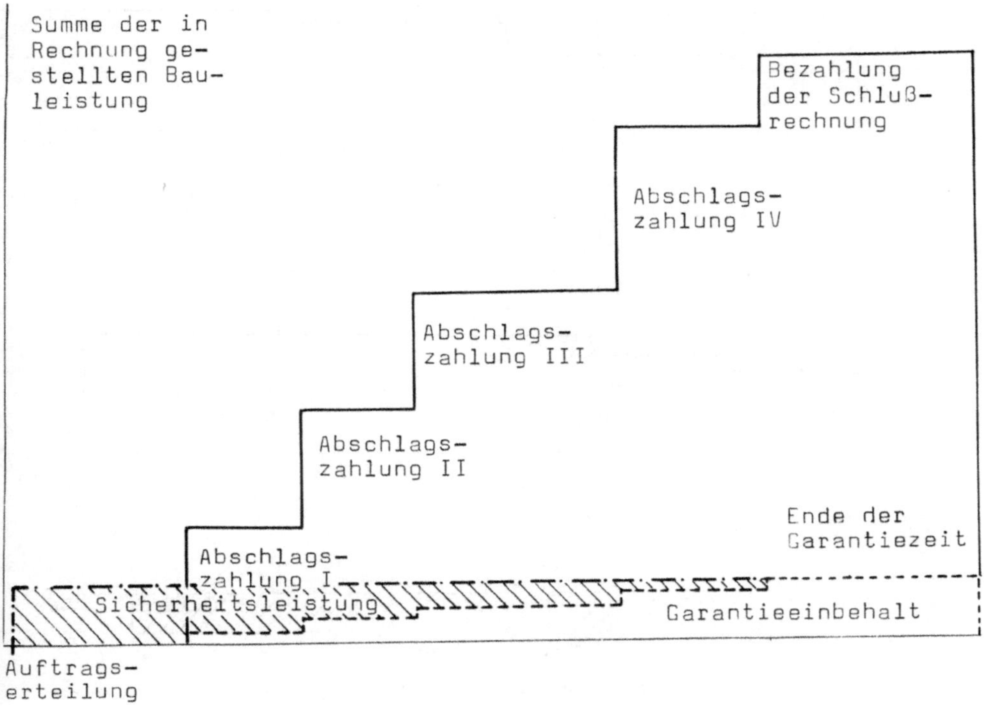

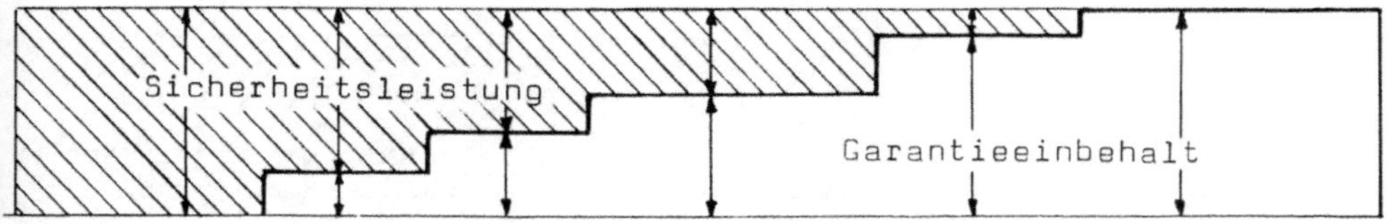

AUFTRAG C

Abb. 24a: Gegenüberstellung einer Pflichtsicherheitsleistung und der bisherigen Praxis (Garantieeinbehalt) bezüglich eines Auftrages

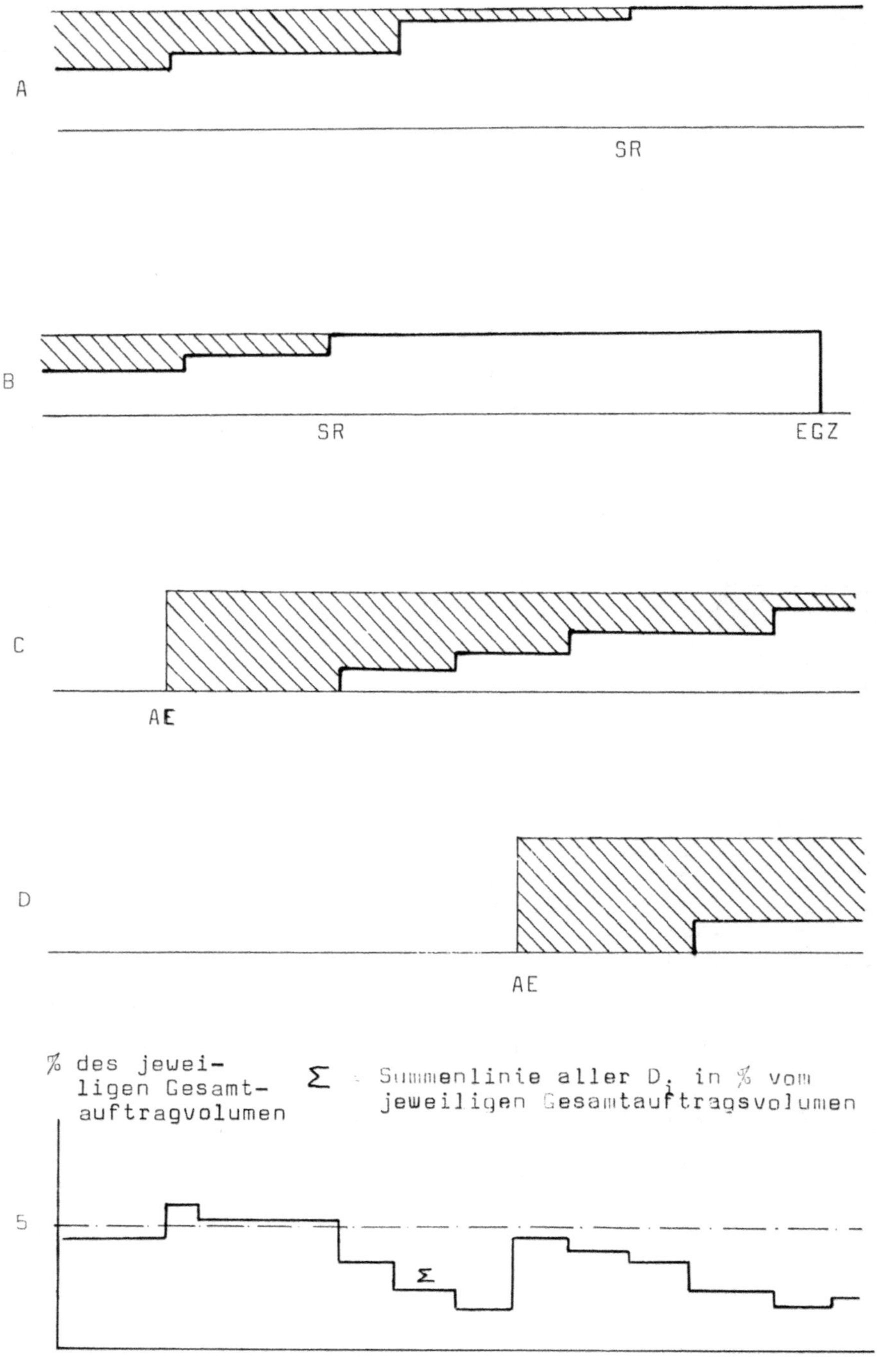

Abb. 24b: Gegenüberstellung einer Pflichtsicherheitsleistung und der bisherigen Praxis (Garantieeinbehalt) bezüglich mehrerer Aufträge (A, B, C, D) und des Gesamtauftragsvolumens

Forschungsberichte des Landes Nordrhein-Westfalen

Herausgegeben im Auftrage des Ministerpräsidenten Heinz Kühn
vom Minister für Wissenschaft und Forschung Johannes Rau

Sachgruppenverzeichnis

Acetylen · Schweißtechnik
Acetylene · Welding gracitice
Acétylène · Technique du soudage
Acetileno · Técnica de la soldadura
Ацетилен и техника сварки

Arbeitswissenschaft
Labor science
Science du travail
Trabajo científico
Вопросы трудового процесса

Bau · Steine · Erden
Constructure · Construction material · Soilresearch
Construction · Matériaux de construction · Recherche souterraine
La construcción · Materiales de construcción · Reconocimiento del suelo
Строительство и строительные материалы

Bergbau
Mining
Exploitation des mines
Minería
Горное дело

Biologie
Biology
Biologie
Biologia
Биология

Chemie
Chemistry
Chimie
Quimica
Химия

Druck · Farbe · Papier · Photographie
Printing · Color · Paper · Photography
Imprimerie · Couleur · Papier · Photographie
Artes gráficas · Color · Papel · Fotografía
Типография · Краски · Бумага · Фотография

Eisenverarbeitende Industrie
Metal working industry
Industrie du fer
Industria del hierro
Металлообработывающая промышленность

Elektrotechnik · Optik
Electrotechnology · Optics
Electrotechnique · Optique
Electrotécnica · Optica
Электротехника и оптика

Energiewirtschaft
Power economy
Energie
Energía
Энергетическое хозяйство

Fahrzeugbau · Gasmotoren
Vehicle construction · Engines
Construction de véhicules · Moteurs
Construcción de vehículos · Motores
Производство транспортных средств

Fertigung
Fabrication
Fabrication
Fabricación
Производство

Funktechnik · Astronomie
Radio engineering · Astronomy
Radiotechnique · Astronomie
Radiotécnica · Astronomía
Радиотехника и астрономия

GPSR Compliance

The European Union's (EU) General Product Safety Regulation (GPSR) is a set of rules that requires consumer products to be safe and our obligations to ensure this.

If you have any concerns about our products, you can contact us on ProductSafety@springernature.com

In case Publisher is established outside the EU, the EU authorized representative is:

Springer Nature Customer Service Center GmbH
Europaplatz 3
69115 Heidelberg, Germany

Batch number: 10809472

Printed by Printforce, the Netherlands